Der Untergang Vinetas

Ulrich Völkel

Der Untergang Vinetas

Sagen von der Insel Usedom

Illustriert von Katrin Kadelke

Der Inselname Usedom

Glaubt man einer alten Sage, gab es eine Schlange mit Namen Oder, die die Ostsee sehr zum Missfallen des Gottes Odin leertrinken wollte. Mit einem großen Stein zerschmetterte er den Kopf des gierigen Tieres. So seien die zahlreichen von Wassern durchzogenen Inseln Usedom und Wollin entstanden. Und wo Land entsteht, da siedeln irgendwann auch Menschen.

Einst lebte auf der östlich von Usedom gelegenen Insel Wollin ein Fürst, der für seine Raffgier und Eroberungslust berüchtigt war. Schon lange stach ihn die größere Nachbarinsel ins Auge. Er sann auf allerlei Mittel, sie seinem Besitz hinzuzufügen. Dabei war er nicht gerade feinfühlig. Da sich die Fischer, Kleinbauern und Handwerker aber nicht einfach unter seine Herrschaft begeben wollten, zettelte der Fürst einen Krieg an. Die Inselbewohner wehrten sich mutig und widerstanden der Eroberung erfolgreich. Da bot ihnen der Fürst großmütig – man könnte auch sagen großmäulig – seinen Schutz gegen fremde Mächte an, die seeseitig aus dem Norden drohten. Die Insulaner blieben standhaft, was der Fürst im Zorn mit den Worten »O, so dumm!« abtat. Daraus soll der Name Usedom geworden sein.

Eine andere Erklärung läuft am Ende auf dieselbe Begründung hinaus. Die Inselbewohner, die noch keinen Namen für ihre Heimat gefunden hatten, beschlossen, in einer gemeinsamen Versammlung so lange zu schweigen, bis einer das erste Wort sprach, was dann der Inselname sein sollte.
Sie standen stundenlang bei Wind und Wetter beisammen. Keiner wollte als Erster sprechen, weil keinem ein passendes Wort einfiel. Einen ganzen Tag verharrten sie still und stumm beisammen. Darüber wurde es später Abend.

Als schließlich die Sonne im Westen ins Meer tauchte, gab ein alter Fischer ermattet auf, denn er konnte sich kaum noch auf den Beinen halten. Ihm wurde schwindlig vom langen Stehen. Er schwankte schon bedenklich und drohte umzufallen. Ohne an die Verabredung zu denken, sagte er:

»O, so dumm!«, weil er es als so dumm empfand, dass niemand klug genug war, einen guten Namen zu erdenken. Das waren aber die ersten Worte, die in der Versammlung der Inselbewohner gesprochen wurden, Und so mussten sich die Bewohner der Insel »Osodummer« nennen, woraus später Usedomer wurde. Aber die Usedomer sind kluge Leute. Sie quittieren solche Geschichten über die Herkunft des Namens mit einem nachsichtigen Lächeln. Denn eine andere Sage erzählt, dass ein Fremder einst nach Usedom kam und bemängelte, dass eine Kirche oder eine Kathedrale, ein großer Dom fehle. Da trat der älteste Fischer vor, hob die Arme, deutete weit in den Himmel und sagte dem Fremden:

»Seht Euch die Wölbung droben an. Geht dann zum großen Papst in Rom und sagt: dat wäre use Dom!«. Also »unser Dom«, das Himmelsgewölbe. Klügere Worte findet man selten.

Die Wissenschaft erklärt den Namen Usedom weniger poetisch. Wissenschaftler haben selten Sinn für Poesie. Sie leiten Usedom vom slawischen Wort »uznam« ab. Doch wir wissen nicht genau, ob das der Wahrheit entspricht.

Die Inseln Usedom und Wollin bieten so viele Geschichten, Sagen und Märchen, voller Fantasie und Magie. Lasst uns also eintauchen in die alten Erzählungen von Seejungfrauen, Kobolden und versunkenen Städten. Ein Fünkchen Wahrheit findet sich gewiss in jeder Geschichte…

Ulrich Völkel

Der Untergang Vinetas

Einst lebten an der vorpommerschen Küste der Ostsee Fischer, Bauern und Händler, die mit viel Fleiß und Eifer ihren Gewerben nachgingen, in Katen und kleinen Häusern, die oft nur eine kurze Wegstrecke voneinander standen. Sie nannten ihre Siedlung Jumne, Julin oder Jomsburg, weil es überliefert war, dass die Siedlung zuallererst die Jomswikinger gegründet hätten. Die Siedlung lag dort, wo sich die Peene ins Meer ergießt. Das war ein guter Ort, um Fische in vollen Netzen an Land zu bringen, Handel mit aller Welt zu treiben und reiche Ernte von den Feldern einzufahren. Nur mit dem Namen ihres Ortes waren sie sich uneins, denn weil sie aus verschiedenen Gegenden kamen, unterschieden sich auch ihre Sprachen. Doch die meiste Zeit über verstanden sie einander. Wo die richtigen Worte fehlten, gebrauchten sie die Hände. Erst im Laufe einiger Jahre fanden sie zu einer gemeinsamen pommerschen Sprache. Gern sangen sie ein Lied, denn sie hatten guten Grund, mit ihrem Leben zufrieden zu sein:

Kort is dien Lewen
Un lang büst du dod;
Minsch, blot nich argern,
Nee, lachen deiht good.[1]

Immer mehr Menschen siedelten sich an der günstig gelegenen Stelle am Rande der Ostsee an. Bald wuchsen die verschiedenen Ortsteile immer dichter zu einer richtigen Stadt zusammen. Da konnte man nicht mehr von Jumne, Julin oder Jomsburg reden, denn eine Stadt muss einen eigenen Namen haben.

1 »Kurz ist das Leben und lang bist du tot. Mensch, nicht ärgern, nein, lachen tut gut!«

Eines Tages kam ein weither aus dem Orient angereister Händler in den Ort, der seine wertvollen damastenen Stoffe an den Mann oder die Frau bringen wollte. Angesichts der schönen Häuser und der trefflichen Lage rief er begeistert aus: »Was für eine reiche Stadt!«

Da er es aber auf Arabisch sagte, nämlich »weltaba«, die Leute aber der arabischen Sprache und ihrer Laute nicht mächtig waren, verstanden sie nur »Witerba«. So meinten sie endlich einen passenden Namen für ihre Stadt gefunden zu haben. Daraus wurde später Vineta.

Eine Stadt braucht nicht nur einen Namen, sie muss auch einen Bürgermeister haben, der die Geschäfte der Gemeinde verwaltet. So kam es, dass der reichste Händler Vinetas Bürgermeister wurde. Sein Name war Mercator, denn seine Vorfahren waren aus Rom gekommen. Mercators erster Weg in seinem neuen Amt führte ihn an die heilige Stätte des Gottes Swantewit, um sich durch ein ansehnliches Opfer den Segen für seine Stadt zu erbitten.

Gott Swantewit hatte mit Wohlgefallen gesehen, wie die Vineter ihren Geschäften nachgingen, wie sie ihre ansehnlichen Häuser errichteten und wie friedlich sie miteinander lebten. Und ihm gefiel die Demut, mit der die Bewohner von Vineta um seinen Beistand baten.

Als der Bürgermeister, der sich an der Opferstelle niedergekniet hatte, wieder aufstehen wollte, lag plötzlich eine schwere goldene Kette vor ihm.

»Dieses Schmuckstück soll eure Stadt beschützen, als sei ich es selbst«, erklang die Stimme des Gottes, den Mercator nur hören, aber nicht sehen konnte. Noch nie hatte jemand Swantewit oder eine der anderen Gottheiten gesehen, die sich in seinem Gefolge befanden. Doch die Stimme war laut und gut vernehmlich. Noch einmal wiederholte Swantewit den Satz:

»Dieses Schmuckstück soll eure Stadt beschützen, als sei ich es selbst.« Und er fügte nachdrücklich hinzu: »Aber ich warne euch! Vergesst ihr meine Gesetze und werdet ihr übermütig in eurem Reichtum oder frisst sich der Neid auf den Nachbarn in eure Herzen, so wird mein Zorn euch mit einer gewaltigen Flutwelle ins Meer reißen und eure Stadt wird in den Fluten untergehen.«

Dreimal verneigte sich Mercator, dann nahm er die schwere goldene Kette auf und trug sie wie ein Heiligtum vor sich her. Die Vineter sahen ihn kommen, sahen die goldene Kette und das ernste Gesicht ihres Bürgermeisters.

Nur leise miteinander sprechend, einer den anderen auf das Geschmeide aufmerksam machend, folgten sie ihrem Bürgermeister bis ins Rathaus. Der legte die goldene Kette auf einem mit schwerem grünem Samt bespannten Tisch ab. Ein vielstimmiges »Ah« und »Oh« erfüllte den Rathaussaal.

Da wandte sich Mercator an seine Mitbürger.

»Vineter! Mitbürger!«, rief er. »Dieses Geschenk Swantewits soll unser Heiligtum sein. Wir werden es so ehren und beschützen, wie die Kette uns Ehre und Schutz bedeutet. Lebt nach den Gesetzen, die uns der Gott aufgetragen hat. Seid fleißig und ehrlich und einander stets treu zur Seite stehend. So wird unsere Stadt blühen und gedeihen und alle Welt wird uns um unseren Reichtum beneiden. Doch werdet nicht übermütig, gottlos gar, sonst ereilt uns der Fluch Swantewits. Dann werden wir allesamt ins Meer gespült und die Stadt in den Fluten untergehen. Vergesst nicht die Pflicht, die Stadt zu schützen, einander zu achten und den gemeinsamen Reichtum zu mehren. Dann wird unsere Stadt in aller Munde sein als die glücklichste Stadt der Welt.«

So sprach der Bürgermeister Mercator. Und alle, die sich im Saal versammelt hatten, legten ihre Hände auf ihre Herzen und schworen, der Forderung Swantewits stets eingedenk zu sein und nach seinen Geboten zu leben.

Doch wo der Reichtum zu Hause ist, ist der Übermut nicht fern. Übermut gebiert Verschwendungssucht und Neid, lässt die Sitten verkommen und führt ins Verderben. Reichtum verfügt mitunter über eine verführerische Kraft, die sich langsam in das tägliche Leben eindrängt wie Wasser in brüchige Felsen, um sie schließlich zu sprengen. Neid frisst größere Löcher als jede Säure.

Die Menschen begannen einander zu beargwöhnen. Wieso hat der Nachbar ein größeres Haus, warum hat die Frau einen reicheren Mann, weshalb wird meine Ware weniger geachtet als die des anderen Händlers?

Der Neidische neigt zu Boshaftigkeit. Aus kleinen Zwistigkeiten entstand heftiger Streit. Die Sitten verkamen, die gelegentlichen Feiern arteten aus.

Bier und Wein flossen in Strömen und spülten jede Hemmung fort. Statt sich in der Befolgung von Swantewits Gebot, ein gottgefälliges Leben zu führen und einig zu sein, suchte jeder seinen Vorteil zum Nachteil des anderen.

Die Jahre vergingen. Die Alten starben, Jüngere wuchsen nach. Aber die Jungen wussten wenig von den Gesetzen der Ahnen. Sie verspotteten deren Gott Swantewit, an den sie nicht glaubten. Nein, Vineta war schon lange nicht mehr die glücklichste Stadt der Welt. Das Unheil nahm seinen Lauf, auch wenn es keiner wahrhaben wollte. Der Gemeinsinn ging dahin, jeder war sich selbst der Nächste.

Der siebzehnte Bürgermeister von Vineta hieß Thorbe Niklas, der die meisten Vineter um Haupteslänge überragte und auch sonst von beachtlicher Statur war. Es war aber längst aus der Mode gekommen, dem Stadtoberhaupt den gebührenden Respekt entgegenzubringen.

Thorbe Niklas trieben zwei Sorgen um. Da war zum einen der Kummer über das ausschweifende und gottlose Leben vieler Vineter, und zum anderen die Befürchtung, dass Gott Swantewit dem Treiben nicht länger untätig zusehen würde.

Wieder und wieder wandte sich der Bürgermeister an seine Mitbürger und forderte sie auf, sie mögen zu einem vernünftigen Zusammenleben zurückkehren, einander wieder achten und den falschen Götzen, dem Geld und dem Luxus, abschwören. Das Geringste, was er auf seine Warnungen erfuhr, war ein gelangweiltes Wegsehen. Schlimmer waren die Spötter und Ungläubigen, die ihm vorwarfen, um des eigenen Vorteils willen Zwietracht unter den Bürgern zu säen. Nichts lag ihm ferner als das, aber wenn die Leute erst einmal anfangen, gehässige Reden zu führen, hilft es auch nicht, die Wahrheit dagegenzuhalten.

Und so wurde ihm vorgeworfen, sich selbst nicht an seine Predigten zu halten. Hatte er seiner Frau nicht erst vor ein paar Tagen ein besonders teures Kleid aus dem Orient gekauft, besetzt mit Goldstickerei und teuren Perlen?

Eines Tages machte Thorbe Niklas, der von den Verleumdungen hinter seinem Rücken wenig mitbekam oder sie einfach überhörte, eine Entdeckung, die ihn sehr beunruhigte. Täuschte er sich oder war das Geschenk Swantewits wirklich kleiner geworden? Er nahm sich eine schmale Leiste, legte sie über das goldene Stadtheiligtum und ritzte die Breite mit einem Messer in den Stab. Als er eine Woche später wieder messen wollte, erbleichte er. Der Schatz war um zwei Fingerbreit kleiner geworden. Eilig rief er seine Ratsherren zusammen und berichtete ihnen von seiner Beobachtung.

Aber die lachten nur und sagten:

»Die Leiste ist aus frischem Holz. Sie hat noch genug Saft, um zu wachsen.« Niemand glaubte ihm und wollte das Unglück nicht wahrhaben.

Nur eine nahm die Warnung ernst. Am Rande der Stadt Vineta lebte eine alte Frau, der man nachsagte, sie könne geheime Zeichen lesen und deuten. Sie wurde »Wasserfrau« genannt, weil sie ihre Voraussagen aus den Farben des Wassers und des Himmels deutete. Sie war die Einzige, die den Bürgermeister ernst nahm. Eine gewaltige Welle, sagte sie beschwörend, würde vom Meer her auf die Stadt zurollen und die sündige Stadt mit Mann und Maus unter sich begraben. Drei Mal erschien sie auf dem Marktplatz und rief mit hoher Stimme:

»Vineta, Vineta,
du rieke Stadt,
Vineta soll unnergahn,
wieldeß se het väl Böses dahn!«[2]

Doch die unvernünftigen Vineter schlugen alle Warnungen in den Wind, nannten sie eine alte Hexe, und trieben es nur um so toller und wilder.

Und da geschah das schier Unvermeidliche: Eines Tages hielt Thorbe Niklas den zu einem kleinen Klumpen geschmolzenen Schatz in den Händen. Tränen standen ihm in den Augen, weil es ihm nicht gelungen war, seine Mitbürger zur Vernunft zu bringen. Dann brach das Unheil auch schon herein. Der Himmel verdunkelte sich, als es heller Tag hätte sein müssen. Pfeifende Winde trieben das Wasser in mächtigen Wellen vor sich her. Die ersten Ausläufer erreichten Vineta. Da glaubten immer noch viele, das wäre ein Hochwasser, wie man es kannte. Die Steinwälle am Ufer hielten stand. Noch. Aber die Wellen wurden größer, türmten sich haushoch auf, brachen in die Stadt ein und begruben alles unter sich, was sich ihnen entgegenstellte.

Drei Tage tobte das Unwetter. Am Ende stand kein Stein mehr auf dem anderen. Die Vineter waren von den Fluten ins Meer gerissen worden und ertrunken. Der Letzte war der Bürgermeister, der den zu einem kleinen Klumpen geschmolzenen Schatz in der Hand haltend Gott Swantewit um Gnade bat. Vergebens. Auch Thorbe Niklas wurde ins Meer gezogen.

2 »Vineta, Vineta, du reiche Stadt! Vineta soll untergehen, denn sie hat viel Böses getan!«

Nur die Wasserfrau hatte rechtzeitig Zuflucht auf einem nahen Hügel gefunden. Hilflos musste sie zusehen, wie Vineta im Meer versank. Mit dünner Stimme bat sie Swantewit, Gnade vor Recht ergehen zu lassen. Doch es war zu spät. Sie konnte dem zürnenden Gott nur noch das Versprechen abringen, wenigstens die Reste der Stadt aus den Fluten wieder auftauchen zu lassen.

Swantewit gestand ihr zu, ihre Bitte in Erfüllung gehen zu lassen, wenn einmal ein unschuldiges Kind käme, um seine unbeschuhten Füße auf die Stelle zu setzen, wo sich einst der Marktplatz Vinetas befunden hatte. Damit wäre die Schuld beglichen und Vineta frei von Sünde. Doch bis heute ist dieses Wunder nicht geschehen. Denn der Marktplatz liegt tief auf dem Meeresgrund und niemand weiß, an welcher Stelle über den Wellen der Ort zu finden wäre.

Stattdessen kann man, wenn man ein besonders gutes Gehör hat, jedes Jahr am Ostersonntag, dem Sonntag nach dem ersten Frühlingsvollmond, das Läuten der einstigen Kirchenglocken von Vineta hören. Aber Vorsicht ist geboten, denn wer dem Glockenklang zu lange lauscht, wird von einer Sturzwelle erfasst und in die Tiefe des Meeres gerissen.

Im Laufe vieler Jahre geriet die untergegangene Stadt Vineta in Vergessenheit. Inzwischen weiß niemand mehr, wo sie wirklich gestanden hat. Und weil in den letzten Jahrhunderten immer neue Sagen und Vermutungen über die versunkene Stadt entstanden sind, werden bis heute auch immer wieder neue Geschichten erzählt, eine abenteuerlicher als die andere. Manch einer behauptet sogar, in der Tiefe des Meeres die Reste der einst reichen und mächtigen Stadt erblickt zu haben, aber ob es sich dabei nur um eine besonders reiche Fantasie handelt oder doch um ein Stück Wahrheit, weiß keiner zu sagen. Jedenfalls: Die Stadt Vineta ist zwar im Meer versunken, aber sie lebt in den Erzählungen der Menschen fort.

Wenn die Frauen am Abend in der Spinnstube beisammensaßen oder die Fischer beim Flicken der Netze, wurde viel erzählt. Da wollte vermutlich die eine oder der andere noch ein besonders spannendes Detail zum Besten geben. So entstehen Sagen wie diese vom Untergang der reichen Stadt Vineta.

Und noch viele weitere…

Die Seejungfrau im Haff

Am äußersten Ende der Insel Usedom, eine gute Wegstunde von Heringsdorf entfernt, liegt der kleine Ort Kamminke zu Füßen des Golms, einer das flache Land überragenden Erhebung. Kamminke war einst ein Fischerdorf am nördlichen Gestade des Haffs. Von dort aus fuhren die Fischer aufs Haff, dass sie mit seinen Fischen mehr schlecht als recht ernährte. Nein, in Kamminke war noch keiner vom Fischfang reich geworden, obwohl es genug Fische gab. Doch die Herrrenfische, wie man Lachs, Wels, Stör und Karpfen nannte, waren den Herzögen vorbehalten. Vom übrigen Fang durften die Fischer nur je einen dritten, manchmal sogar nur einen sechsten Teil behalten. Zum Sterben zu viel, zum Leben zu wenig, sagte man.

Das Wasser war nicht sonderlich tief, aber zum Ertrinken reichte es allemal. Wer bei Sturm über Bord gespült wurde oder wessen Boot in den aufschäumenden Wellen kenterte, der kam selten lebend ans Ufer zurück.

Besonders bei schwerem Wetter stiegen die Frauen der Fischer den Berg Golm hinauf. Von dort oben hatte man einen weiten Blick übers Haff bis zur Pommerschen Bucht oder hinüber zur Insel Wollin, ja selbst bis zur Bernsteinküste in Richtung der Stadt Kolberg konnte man sehen. Wer Zeit und Muße hatte, konnte sich an der Schönheit der Landschaft erfreuen und die würzige Luft der See atmen. Aber die Kamminker Frauen der Fischer hatten dafür wenig Sinn, schon gar nicht, wenn sie wegen des stürmischen Wetters hügelan gestiegen waren, um mit der linken Hand die Augen beschattend hinauszusehen aufs Wasser, wo sie ihre Männer in den schaukelnden Booten wussten.

Wer denkt, ein Haff sei eigentlich nur ein kleiner See, durch Land gegen das Meer abgegrenzt, irrt sich gewaltig. Und bei Sturm waren die Wasser besonders gefährlich wegen der kurzen, schnell aufeinander folgenden Wellen, die die einfachen Fischerboote heftig schlingern und stampfen ließen wie wilde Pferde. Wer sich leichtsinnigerweise bei einem heraufziehenden Unwetter aufs Haff begab, musste schon ein tüchtiger Kapitän sein, um nicht von Bord gespült zu werden oder samt Boot zu kentern.

Die Fischer von Kamminke waren erfahren und mutig. Schon aus der Farbe des Wassers oder dem Aussehen der Wolken konnten sie voraussehen, wie sich das Wetter in den nächsten Stunden gestalten würde. Da war gut beraten, wer bei heraufziehendem Unwetter seinen Kahn rechtzeitig am Ufer festmachte und die schweren Laden vor den Fenstern seines Hauses verschloss. Das bedeutete aber auch, dass an diesem Tag niemand aufs Haff hinausfahren konnte, um die Netze einzuholen. Kein Fang – kein Fisch. Doch die Leute von Kamminke lebten vom Fischfang. Hielt sich das schlechte Wetter über mehrere Tage, blieben die Fischkästen leer. Leere Fischkästen wiederum brachten kein Geld auf dem Fischmarkt. Vorräte, Reichtum gar, konnten sich nur wenige Kamminker leisten, eigentlich keiner. Die Leute lebten, wie man so sagte, von der Hand in den Mund. Und wenn die Hand leer war, war es auch bald der Magen. Wehe, der Fischer war zu allem Übel auch noch krank geworden!

So oder gar schlimmer erging es Hagen Bredow. Seit Tagen fegte ein Sturm über das Stettiner Haff. Zum Fang hinauszufahren wäre nicht nur Leichtsinn gewesen, sondern über die Maße gefährlich.

In der einfachen Hütte der Bredows herrschte große Not. Und das nicht nur, weil Hagen Bredow keinen einzigen Fisch hatte fangen können, was schon schlimm genug war, zu allem Übel lag seine alte Mutter seit Wochen krank auf ihrem Strohsack. Sie war gestürzt und hatte sich das rechte Bein gebrochen. Um einen Arzt zu rufen, waren Mutter Hilde Bredow und ihr Sohn Hagen zu arm. Also hatte Hagen Bredow mit Hilfe der Nachbarin Maria Översnack, von der man sagte, sie sei eine Kräuterhexe, der Mutter mit zwei ellenlangen Stöcken und einem in Streifen gerissenen Sack eine Schiene angelegt, ihr von den Blüten der Arnika eine heilende Salbe bereitet und das verletzte Bein mit Blättern des Beinwells belegt, um den Schmerz zu lindern.

Seit Tagen fegte nun ein heftiger Sturm übers Haff. Gischtige Wellen schlugen gegen das steinige Ufer vor Kamminke. Hagen Bredow hatte die schweren hölzernen Laden vor den beiden kleinen Fenstern geschlossen und die Tür mit einem Balken gesichert. Ein Talglicht gab wenig Helligkeit in der ansonsten dunklen Stube. Wenn der Sturm eine kurze Pause machte und nicht um die Hütte jaulte wie ein böses Tier, hörte Hagen Bredow das leise Wimmern seiner Mutter. Trotz Arnika und Beinwell ließen die Schmerzen nicht nach, ja, sie schienen sogar zuzunehmen. Da er nicht zum Fang hinausfahren konnte, waren die Schüsseln und Töpfe leer. Nicht nur das Bein schmerzte, der Magen grummelte auch verdächtig. Hagen konnte ihr nur eine dünne Suppe aus Kräutern und Rinde kochen.

Immer wieder lugte er durch einen Spalt im Fensterladen nach draußen in der Hoffnung, einen blauen Streifen am Horizont oder doch wenigstens ein paar hellere Wolken am Himmel zu entdecken – vergebens. Das Unwetter hielt schon fast eine Woche an.

Ein paar Tage Unwetter zu ertragen, das wollte er schon bestehen. Schlimmer war, dass seine alte Mutter immer hinfälliger und stiller wurde. Und wenn er ihr einen Becher Wasser an den Mund hielt, trank sie nur einen kleinen Schluck wie ein Vogel vom Wasserloch zu sich nahm.

In seiner Not beschloss Hagen Bredow, zu seinem Nachbarn, Frieder Kahlmann zu gehen, um ihn um ein Stück Brot für die Mutter zu bitten. Er würde es ihm mit einem ganzen Korb Fisch zurückzahlen, sobald er wieder aufs Haff hinausfahren konnte.

Ewig konnte das Unwetter schließlich nicht anhalten. Aber Frieder Kahlmann wies ihn ab. Er hätte selbst nicht genug, da könne er nicht auch noch so einen Hungerleider durchfüttern.

»Fahr doch raus aufs Wasser«, höhnte er. »Vielleicht macht dir die Seejungfrau die Körbe voll!« Und er lachte böse.

»Die Seejungfrau!«, hallte es wie ein Echo in seinem Kopf. Wer weiß, ob es die überhaupt gab. Gesehen hatte sie jedenfalls noch niemand von den Kamminker Fischern, wenn sie draußen auf dem Haff waren.

Kopfschüttelnd über die Hartherzigkeit des Nachbarn begab er sich wieder nach Hause. Zu allem Unglück ging auch das Öl in der kleinen Lampe zur Neige. Die Mutter sah ihn aus müden Augen an. Da brach es ihm fast das Herz, weil er ihr nicht helfen konnte. Er nahm ihre magere, kraftlose Hand und streichelte sie vorsichtig.

»Vielleicht macht dir die Seejungfrau die Körbe voll«, spukten ihm die bösen Worte des Nachbarn wieder und wieder durch den Kopf. Und da fasste er einen Entschluss. Er drückte noch einmal vorsichtig die Hand der Mutter, richtete ihr die Decke zurecht, damit sie nicht fror. Dann gab er ihr einen Kuss auf die Stirn und sagte: »Ich bin gleich wieder da, Mutter!«

In der Tür drehte er sich noch einmal um, dann trat er hinaus in die stürmische Welt. Es war nicht weit bis zu seinem Boot, dass er aufs Land gezogen hatte. Er schob es zurück ins Wasser, sprang hinein, hisste das kleine Segel und steuerte gegen den Wind vom Ufer weg. Es kostete ihn viel Kraft, gegen den Sturm anzusegeln, doch der Gedanke an die kranke Mutter führte ihm die Hand.

»Ich muss es packen«, machte er sich selbst Mut. »Die Seejungfrau wird mich schon nicht ins Wasser zerren.«

Wenn es ihm gelänge, wenigstens einen Wels oder einen Stör zu fangen, wollte er mit ihm zum Doktor in die nahe Stadt gehen und ihn bitten, der Mutter zu helfen.

Während er sich also mit aller Kraft gegen den Sturm stemmte, das kleine Segel geschickt drehte und die Ruderpinne fest im Griff behielt, um zu der Stelle zu gelangen, wo er die besten Fische wusste, rappelte sich seine Mutter von ihrem Strohlager auf. Sie ahnte, was ihr Sohn vorhatte. Die Sorge um Hagen gab ihr Kraft. Sie wusste, dass sie ihn nicht hätte zurückhalten können.

Sie griff nach einem kräftigen Stock, der neben der Tür am Pfosten lehnte, und humpelte, so gut es ging, hinaus. Fast hätte sie der Sturm umgeworfen, doch sie schaffte es, Schritt für Schritt zu gehen, bis sie das Haus der Nachbarin Maria Översnack zur Linken erreichte. Der Atem rasselte wie ein gereizter Kettenhund in ihrer schwachen Lunge. Das Bein schmerzte. Doch das alles scherte sie nicht. Allein in ihrer Hütte hätte sie den Verstand vor Angst verloren.

Sie musste mehrmals heftig gegen die Tür schlagen, so heftig, wie es ihre geringen Kräfte erlaubten. Sie versuchte es auch mit Rufen, doch die Worte wurden ihr vom Sturm von den spröden Lippen gerissen. Es schien eine Ewigkeit zu dauern, bis die Tür um einen kleinen Spalt geöffnet wurde, durch den die Nachbarin verunsichert lugte. Wer begehrte bei diesem Wetter Einlass? Als sie Hilde Bredow erkannte, hielt sie sich die rechte Hand vor den Mund, um ihr Erschrecken zu verbergen.

»Hilde? Um Gottes Willen, was machst du denn hier?«
Und dabei vergaß sie, die Tür so weit zu öffnen, dass die Nachbarin eintreten konnte, ohne dass der Sturm gleich in ihre Stube fegte.

»Er ist rausgefahren«, flüsterte Hilde Bredow mit dünner Stimme. »Aufs Wasser, der Junge.«

Die Nachbarin konnte sie nicht verstehen, so laut heulte der Sturm. Da besann sie sich und öffnete die Tür wenigstens so weit, dass Hilde Bredow hereinschlüpfen konnte. Gleich neben der Tür stand ein dreibeiniger Schemel, auf den sie sich fallen ließ. Und wäre die Nachbarin nicht schnell genug gewesen, hätte Hilde Bredow sich nicht gerade halten können.

»Was ist denn los? Was ist denn los? Ach, Gottachgott. «

Erst als sie einige Schlucke von der dünnen Hafersuppe zu sich genommen hatte, die ihr die Nachbarin in einem blechernen Topf an den Mund hielt, konnte sie mehr flüsternd als deutlich redend erzählen, dass ihr Sohn Hagen aufs Haff hinausgefahren war.

Wer bei diesem Unwetter aufs Haff fuhr, fuhr geradewegs in die nasse Hölle.

»Wir gehen hoch auf den Golm«, schlug sie vor. »Schaffst du das, Hilde?«
Hilde Bredow konnte nur nicken. »Wenn du mir hilfst …«

Die Nachbarin langte nach einem großen Tuch, dass sie Hilde Bredow um die Schultern legte, denn die hatte nur ihre dünne Joppe übergezogen. Sie selbst hüllte sich in ein wärmendes Tuch ein. Dann half sie Hilde vorsichtig auf die Beine und verließ mit ihr das Haus. Gleich fauchte der Wind heran, als wolle er sie umwerfen. Es gelang ihnen, langsam und immer wieder anhaltend, um Kraft zu schöpfen, den Weg zum Golm zu nehmen, den sie unter Mühen erstiegen. Sie hatten die Hoffnung, Hagen Bredow mit seinem Kahn auf dem Wasser zu entdecken. Aber so sehr sie sich auch anstrengten, in der Dunkelheit des Unwetters und bei den hoch aufschäumenden Wellen war nicht zu erkennen, welches Schauspiel sich draußen abspielte.

Hagen Bredow war es tatsächlich gelungen, die fischreiche Stelle im Haff zu erreichen. Er machte die Netze fertig, um sie auszuwerfen. Das war bei normalem Wetter keine Schwierigkeit, doch in dieser stürmisch aufgewühlten See und bei diesem ständig die Richtung ändernden Sturm musste er alle Geschicklichkeit und Vorsicht aufwenden, um nicht über Bord geworfen zu werden, was den sicheren Tod bedeutet hätte.

Just in dem Moment, als er das Netz auswerfen wollte, türmte sich eine besonders große Welle vor dem Boot auf, die ihn zu vernichten drohte. Hätte er sich nicht klugerweise mit einem Tau am Mast gesichert, wäre er wahrscheinlich über Bord gespült worden. Und da geschah etwas Seltsames. Als die Welle ihren höchsten Punkt erreicht hatte, blieb sie plötzlich stehen, als sei sie zu Eis gefroren. Und aus der Wasserwand drang eine Stimme zu ihm, von der Hagen Bredow nicht wusste, woher sie kam.

»Du musst dich nicht fürchten, Hagen Bredow. Ich will dir helfen.«

Verwirrt blickte er um sich. Wer sprach da zu ihm? Angestrengt blickte er voraus. Da ahnte er in der Undurchdringlichkeit der Wasserwand vor sich eine Gestalt, die sich groß und mächtig aufbäumte, halb Mensch, halb Fisch. Das musste die Seejungfrau sein, von der so viel erzählt wurde, aber die noch niemand bisher gesehen hatte.

»Seejungfrau, bist du es?«, fragte er vorsichtig, denn noch wusste er nicht, was gleich geschehen sollte.

»Frag nicht. Mach die Körbe auf!«, forderte die Stimme.

Er gehorchte, indem er die Körbe und Fischkisten aufdeckte. Kaum war das geschehen, fiel die mächtige Welle zusammen und hunderte Fische purzelten in seinen kleinen Kahn.

Doch ehe er sich bei der Seejungfrau bedanken konnte, öffnete sich der Himmel, die Sonne tauchte das Wasser in gleißendes Licht, die aufgewühlte See glättete sich, als habe es nie ein Unwetter gegeben. Hagen Bredow konnte gar keinen Gedanken auf das Wunder verwenden, das soeben geschehen war. Hastig sammelte er die Fische auf, die ins Boot und nicht in die dafür bereitgestellten Körbe und Kisten gefallen waren. Es zappelte und blitzte und blinkte, dass es die reine Freude war. Endlich konnte er das Segel wieder richten, um das Boot ans heimatliche Ufer zu steuern.

Als er sich umsah, sah er noch einmal die Gestalt und eine Stimme, die ihm sagte: »Prahl nicht.«

Zur gleichen Zeit ereignete sich auf dem Golm etwas Wunderbares. Das strahlende Licht erfasste die beiden Frauen auf dem Berg. Die Leute in Kamminke traten aus ihren Häusern, sahen die beiden dort oben stehen und beeilten sich, zu ihnen zu kommen. Selbst der hartherzige Frieder Kahlmann gesellte sich zu ihnen.

Niemand war in dieser Stunde so glücklich wie Hilde Bredow, die das einsame Boot auf dem Haff als Erste entdeckte.

»Das ist mein Junge!«, rief sie ein ums andere Mal. Sie warf den Knüppel weg, der ihr als Krücke gedient hatte und sie wickelte sich den Verband von ihrem Bein, auf dem sie zur eigenen Überraschung wieder schmerzfrei stehen konnte. Dabei hatte sie das merkwürdige Gefühl, als würde eine sanfte warme Hand über ihren ausgezehrten Körper streichen. Die Farbe kehrte ins Gesicht zurück, der verbitterte Mund konnte wieder lächeln, die Augen leuchteten sogar heller als zuvor. Alle sahen, welche Veränderung mit Hilde Bredow vor sich ging, doch seltsam, keiner wunderte sich. Die Leute sagten nur:

»Das war die Hand der Seejungfrau!«

Hilde achtete nicht auf das, was die Leute sagten. Sie hatte nur den einen Wunsch: Ihren Sohn wieder in die Arme schließen zu können. Und während der sein Boot geschickt zum kleinen Hafen von Kamminke steuerte, lief sie den Hang vom Golm hinab. Die anderen folgten ihr, auch Frieder Kahlmann, der gute Miene zum bösen Spiel machte, wie er das Wunder neidvoll nannte.

Fast gleichzeitig mit ihrem Sohn gelangte Hilde Bredow am kleinen Hafen an. Und da sah sie bereits, dass nicht nur die Körbe und Kästen voller blinkender und zappelnder Fischer waren, sondern gleich das ganze Boot.

»Hagen mein Junge! Was für ein Wunder!«

Hagen Bredow rief auch: »Was für ein Wunder!«

Da trafen auch die Leute von Kamminke ein und sie sahen, welchen Reichtum Hagen Bredow ans Ufer brachte. So viele Fische auf ein Mal hatten sie noch nie gesehen. Da rief Hagen Bredow:

»Nehmt euch, Leute. Es ist reichlich da. Lasst mir nur, was Mutter und ich selber verzehren können und was dem Herzog gehört!«

Das ließen sich die Kamminker nicht zweimal sagen, denn auch sie hatten eine Woche lang nicht zum Fischen hinausfahren können. Jeder nahm sich einen Hecht, einen Barsch oder einen Butt..

Nur Frieder Kahlmann neidete dem wagemutigen Fischer seinen Fang. Er schlug das Angebot aus.

»Was der kann, kann ich schon lange! Wenn's die Seejungfrau gibt, dann finde ich sie«, versprach er. Also machte er seinen Kahn zurecht, fuhr hinaus aufs nun sehr ruhige Wasser bei Sonnenschein, und rief nach der Seejungfrau.

Nach kurzer Zeit erschien unter der Wasseroberfläche erneut die Gestalt, halb Fisch, halb Mensch, und eine große Welle brachte das Boot in Schieflage. Schnell öffnete Kahlmann den Korb, als die Welle auf ihn niederging und pitschnass zurückließ. Nachdem er seine Augen trockengewischt hatte, spähte er in den Korb, der nun bis zum Rand gefüllt mit Fischen vor ihm stand. Er lachte überheblich und trat den Rückweg an, als er die Stimme vernahm: »Prahl nicht.«

Doch erneut lachte Frieder Kahlmann höhnisch und ruderte an Land. Aber als er aus dem Boot stieg, hob er plötzlich überrascht die Nase in die Luft, denn es stank fürchterlich. Es stank so grässlich, dass einem der Kopf wehtun konnte. Auf der Suche nach der Ursache blickte er sich um, bis er schließlich den Gestank aus dem Fischkorb erahnte und verstand, welche Strafe ihm für seinen Geiz und seine Gier durch die Seejungfrau auferlegt worden war: Der ganze Korb, in dem noch vor Kurzem die frischen Fische zappelten, war voll verdorbener Fische. Es half nicht viel, dass Frieder Kahlmann angewidert den Korb schnell zurück ins Meer warf. Der Gestank aber kroch in Frieder Kahlmanns Kleider und setzte sich in seinem wuscheligen Haar fest. Er blieb an ihm ein Leben lang haften.

Von Hagen Bredow und seiner Mutter weiß man nur noch so viel, dass sie fortan in einem bescheidenen Wohlstand lebten und mit allen Nachbarn stets gut Freund waren.

Der Schatz im Streckelsberg

Unweit der Gemeinde Koserow, direkt am Strand der Ostsee gelegen, befindet sich neben dem Golm und dem Kückelsberg eine weitere Erhebung der Insel Usedom: der Streckelsberg. Er liegt mitten in einem alten Buchenwald an der Küste.

Berge, und seien es auch nur kleine wie die der Insel Usedom, haben immer etwas Geheimnisvolles. Zwerge sollen darin hausen, eine Prinzessin in ihnen gefangen oder Schätze darin versteckt sein. Eine Sage berichtet von einer unglücklichen Prinzessin, die einen ungeheuren Reichtum an Bernstein behüten musste, der zuhauf im Inneren des Streckelsberges liegt.

Am Fuße des Streckelsberges, gleich linker Hand, befindet sich ein großer Stein, der den Aus- und Zugang zu den unterirdischen Gewölben versperrt. Nur ein Jüngling, der ihren wahren Namen kennt, könne sie befreien.

Manchmal treibt ein heftiger Sturm die Wasser des Meeres gegen die Küste. Wie mit räuberischen Zungen lecken dann mächtige Wellen große Stücke aus den Steilwänden des Streckelsberges heraus, als ob sie von zornigen Meeresgöttern getrieben ihren Reichtum, den Bernstein, wieder zurückholen wollen.

Es soll aber nicht nur Bernstein im Inneren des Streckelsberges verborgen sein, sondern reichlich Gold und Silber und Schmuck aller Art, den die Seeräuber Störtebeker und Gödeke Michels den Kauffahrern auf hoher See geraubt haben. Ihre Beute versteckten sie in verschiedenen Schlupfwinkeln, die sie entlang der Ostseeküste angelegt haben, wo sie mit ihren wendigen Schiffen Zuflucht suchten, wenn Verfolger ihnen zu nahekamen. Ein solcher geheimer Ort, erzählt man sich noch heute, war der Streckelsberg.

Eines Abends, es muss am 29. Februar eines Schaltjahres gewesen sein, hatten sich die drei Söhne des Dorfschulzen von Koserow ordentlich Mut angetrunken, weil sie den großen Stein am Fuße des Streckelsberges wegrollen wollten, um ins Innere des Berges zu gelangen. Der älteste von ihnen, Frieder, wollte alles Gold in seinen mitgebrachten Sack sammeln, um damit ein reicher Mann zu werden. Der zweite, Gottlieb, war an dem Bernstein interessiert, mit dem er einen schwunghaften Handel betreiben wollte. Der dritte Sohn, Hinnerk, machte sich allerdings nichts aus Gold und Bernstein. Er wollte die Prinzessin im Berg befreien und sie als Braut nach Hause führen, denn Glück ist mit allem Reichtum der Welt nicht zu gewinnen.

Es war eine kalte Winternacht. Eisiger Wind wehte fauchend von der See herüber. Feine Eiskristalle stachen wie Nadeln in die vor Aufregung geröteten Gesichter der Burschen. Manchmal lugte der Vollmond durch die nachtdunklen Wolken.

Unheimlich war es den Schulzensöhnen schon, aber nun hatten sie die Sache einmal angefangen und keiner wollte vor dem anderen als ein Feigling gelten. Sie erreichten den großen Stein am Fuße des Streckelsberges. Mit bloßen Händen war der aber nicht zu bewegen. Da fanden sie einen starken Ast, den sie als Hebel benutzten.

»Hau ruck!«, rief Frieder, und »hau ruck!« wiederholte Gottlieb. Da griff auch Hinnerk zu und gemeinsam mit seinen Brüdern konnte er den Stein zur Seite rollen.

Langsam, Handbreit um Handbreit, bewegte sich der Stein zur Seite, bis sich schließlich eine Öffnung auftat und im Halbdunkel ein Gang zu erkennen war, der ins Innere des Berges führte. »Hinnerk, geh du voran!«, forderte Frieder den Jüngsten auf. Doch Hinnerk fürchtete sich, als erster in den Gang zu kriechen. »Mir ist bang«, gab er ehrlich zu.

»Wieso denn das?«, beschwichtigte ihn Gottlieb. Er selbst wollte allerdings auch nicht der Erste sein, der ins Ungewisse vordrang.

Da schob Frieder seine Brüder zur Seite und zwängte sich in den engen Gang, der sich nach wenigen Schritten erweiterte. Jetzt konnte er sogar aufrecht stehen. Vorsichtshalber hatten sie eine Pechfackel mitgebracht, die den dunklen Gang erhellte. Nun folgten Gottlieb und Hinnerk. Sie hatten sich etwa zwanzig Schritte in den Berg hineingewagt, als plötzlich ein unheimliches Grollen einsetzte.

Es rieselte sogar etwas Erdreich von der Decke des Ganges herab. Sie verharrten einen Moment. Das unheimliche Geräusch wurde leiser und verebbte schließlich. Da atmeten sie auf.

»Weiter!«, forderte Frieder seine Brüder auf und setzte sich selbst wieder an die Spitze. Immer tiefer drangen sie in den Berg ein, als sie wieder ein Geräusch zum Innehalten zwang. Aber diesmal war es kein Grummeln und Grollen, es klang eher wie eine Melodie, ein Lied. Und jetzt erkannten sie auch den Text:

Dat du min Leevsten büst,
dat du woll weeßt.
Kumm by de Nacht, kumm by de Nacht,
segg wo du heeßt,
Kumm by de Nacht, kumm by de Nacht,
segg wo du heeßt.[3]

Und plötzlich blendete sie ein gleißendes Licht, dass sie sich die Augen zuhalten mussten. Als sie die Hände wieder von den Gesichtern nehmen konnten, standen sie am Eingang eines großen Saales und die letzte Strophe des Liedes verklang.

Vor Staunen bekamen sie den Mund nicht zu. Gold! Gold! Überall Gold. Und Bernstein! Bernstein haufenweis. Und in der Mitte der Schätze, auf einem Thron aus Edelsteinen, saß ein Mädchen, die Prinzessin, die den Reichtum im Berg behüten sollte.

Hinnerk stand nur da und sah die Prinzessin staunend an. Sie war noch viel schöner, als die Leute erzählten. Sie war so schön, dass sie alles um sie herum um das Mehrfache überstrahlte.

Frieder hatte nur Augen für das Gold. Gottlieb staunte über die Menge an Bernstein. Beide zögerten nicht, ihre mitgebrachten Beutel mit Gold und Bernstein zu füllen. Aber wie viel sie auch rafften, die Haufen wurden nicht kleiner, als ob das Gold und der Bernstein nachwüchsen.

»Ich bin gekommen, um dich zu befreien«, sagte Hinnerk. Dabei reichte er ihr die Hand, als ob er sie auf der Stelle aus dem Berg führen wolle.

---

3 »Dass Du mein Liebster bist, das weißt Du wohl. Komm in der Nacht, komm in der Nacht, sag wie Du heißt. Komm in der Nacht, komm in der Nacht, sag wie Du heißt.«

Doch die Prinzessin schüttelte traurig den Kopf.

»Das geht nicht, Hinnerk. Nur, wenn du meinen Namen nennst. Sag meinen Namen und ich bin frei."

»Das will ich tun, liebe Prinzessin. Aber ich weiß nicht, wie du heißt.«

Da lächelte die Prinzessin. »Finde es heraus. Du hast drei Versuche. Rate richtig, Hinnerk. Dann werde ich dir folgen.«

»He, was schwatzt du da, Kleiner«, herrschte ihn Frieder an.

»Mehr können wir für diesmal nicht tragen. Wir kommen morgen wieder.« Damit warf er sich seinen reichlich mit Gold gefüllten Beutel über die Schulter und Gottlieb tat es ihm mit seinem Bernsteinsack gleich. Beide wandten sich dem Ausgang zu. Doch Hinnerk blieb noch immer stehen und dachte nach. Wie konnte die Prinzessin nur heißen?

»Komm jetzt!«, befahl Frieder. »Die Fackel gibt nur noch wenig Licht.«

Etwas versöhnlicher forderte Gottlieb den jüngsten Bruder auf.

»Na, komm schon. Oder willst du hier Wurzeln schlagen?«

»Ich komme wieder!«, versprach Hinnerk der Prinzessin. »Ich werde dich befreien.« Ihr dankbares Lächeln nahm er noch mit, dann folgte er seinen Brüdern, nicht ohne sich noch mehrmals umzudrehen, bevor sie wieder im Gang waren, um den Berg zu verlassen.

Sie waren schon ein Stück gegangen, als plötzlich ein Wind durch die Gänge fauchte, der so kräftig war, dass er die Fackel ausblies. Da war es nicht nur der schreckhafte Hinnerk, dem die Angst die Glieder schlottern ließ.

Der große Stein vor ihnen rollte an seinen alten Platz zurück, sodass sie nicht mehr hinauskamen.

Niemand weiß bis heute, was genau im Berg geschah. Doch die Burschen wurden nie wieder gesehen. Manche sagen, Frieder zog mit seinem Reichtum fort, Gottlieb verschlug es auf alle Märkte der Erde, wo er seinen Bernstein verkaufte, und Hinnerk hätte die Liebe gefunden und sei mit ihr glücklich bis ans Ende gewesen.

Und mancher sagt, sie blieben im Berg verschollen, denn niemand seither hatte den großen Stein zur Seite bewegen können, um nachzusehen.

So endete, was die drei Söhne des Schulzen in ihrem Übermut begonnen hatten. »Übermut tut selten gut«, sagen die Leute, wenn die Rede auf den Reichtum im Inneren des Berges kommt.

Der Zwerg in der Backmolle

In den ufernahen Gewässern von Usedom konnte man des Nachts ein merkwürdiges nächtliches Leuchten auf der See bemerken, für das sich keine Erklärung fand. Manche glaubten, es seien Meeresgeister, die Neugierige anlockten, um sie in die Tiefe der See zu ziehen. Manche anderer glaubte, es seien die Götter, die zum Tanz einluden und so mancher Fischer sagte nur:

»Ach, das ist nur der Zwerg in der Backmolle.« Ein Zwerg auf dem Meer? War das möglich?

Auf Usedom lebten im Streckelsberg, der dritthöchsten Erhebung der Insel, nahe der Ortschaft Koserow, allerlei Zwerge in Erdhöhlen und unterirdischen Gängen, die aber tunlichst vermieden, dem Wasser zu nahe zu kommen. Mit den Launen des Meeres hatten sie böse Erfahrungen gemacht, als eine Sturmflut ihre Behausungen, die sich dereinst nahe dem Ufer befanden, zerstörte und viele Zwerge wie ein gewaltiges Ungeheuer verschlang. Damals zogen sie sich auf die wenigen Höhen zurück, die die Insel zu bieten hatte. Der Streckelsberg wurde ihr Hauptwohnsitz.

Einer der Zwerge konnte aber der Versuchung nicht widerstehen, sich in unmittelbarer Nähe des Wassers ins Gras zu setzen und hinauszublicken aufs Meer. Der Geruch des Tangs kitzelte ihn zu arg in der Nase und das Rauschen der Wellen klang wie Musik in seinen Ohren. Er hatte zu seiner Geburt den Namen Striborg erhalten, weil es just an diesem Tage heftig gestürmt hatte und alle Zwerge sich tief in ihren Höhlen und Gängen verbargen. Striborg war eine slawischen Windgottheit, von der schon im Igorlied erzählt wird.

Zwerg Striborg hatte zufällig, als er noch ganz klein war, von den Menschen gehört, die er heimlich belauscht hatte, wie gut ein frisch gefangener und geräucherter Fisch schmeckte. Bei der Vorstellung, so eine Köstlichkeit genießen zu können, lief ihm sogar eine kleine Pfütze auf der Zunge zusammen. Geräucherter Aal, das war doch bestimmt etwas anderes als ewig nur Wurzelwerk und Würmer, Beeren und Maden, wovon sich die Zwerge ernährten. Jedoch, wie sollte er zu solcher Delikatesse gelangen, wenn er wie Seinesgleichen keinen Fuß ins Wasser tun konnte, ohne Gefahr zu laufen, von den Wellen erfasst und mitgerissen zu werden?

Da hatte Zwerg Striborg eine Idee. Er sah jeden Morgen vom Streckelsberg aus, wie die Fischer ihre Boote bestiegen, um aufs Meer zu fahren, und am Abend mit reichem Fang und trockenen Fußes zurückkehrten. Heimlich, damit es die anderen Zwerge nicht bemerken, baute er sich ein einfaches Boot aus einem vom Blitz ausgehölten Baumstamm und stahl sich aus der Zwergenküche zwei Suppenkellen. Das Gefährt sah zwar eher aus wie eine große Backmolle, also ein hölzerner Knettrog, den man zum Bearbeiten von Brotteig verwendete, aber um Schönheit ging es Striborg nicht, wenn er nur ungefährdet dorthin gelangen konnte, wo reiche Fischzüge eine gute Ernte versprachen. Es war ein gewagtes Unternehmen für einen Zwerg, der die Tücken des Meeres nicht kannte. Doch da vertraute er auf seinen Namenspaten. Gott Striborg würde seinen Vetter schon nicht ins Unglück stürzen.

Weil er kein Netz fand, das er zum Fischen in sein Boot legen konnte, um es draußen auf dem Meer auszubringen, verfiel er auf eine andere Methode, um Heringe, Schollen oder Aale zu fangen. Er sammelte ein Dutzend gerade Äste, die er an einem Ende anspitzte. Diese Speere verstaute er in seinem Boot. Ein Problem musste er aber noch lösen. Er durfte nicht bei Tageslicht hinausfahren, sonst würden ihn die Menschen entdecken, was für Zwerge meist übel ausging. Aber in der Dunkelheit könnte er die Orientierung verlieren und statt zurück zum Ufer zu schippern immer weiter aufs Meer hinausfahren. Daher hatte er eine weitere Idee. Am Strand fand er eine alte Flasche, welche die Menschen zurückgelassen hatte. Er säuberte sie im Wasser und nahm sie heimlich mit nach Haus in den Streckelsberg. Dort, und das weiß kaum jemand, wuchsen tief im Berg in einer Höhle leuchtende Pilze, die so hell strahlten, dass es dort taghell anmutete. Die Zwerge nannten die Höhle »Sonnengrotte«, und wann immer einem Zwerg danach war, kam er hierher, um sich am glitzernden Licht zu erfreuen.

Eines späten Tages, als die Sonne kurz davor war, im Meer zu versinken, schlich sich Striborg von den anderen Zwergen unbemerkt in die Grotte und stahl ein paar der besonderen Pilze. Diese stopfte er in die Flasche, dass diese nur so glühte, und schlich in der Nacht in den alten Buchenwald rund um den Streckelsberg. Und ja, wie erwartet, kamen sie auf ihn zu. In Scharen wurden hunderte Glühwürmchen vom Licht der Pilze angezogen. Striborg stellte die Flasche ab und ließ die Käfer einen nach dem anderen in die Flasche kriechen. Als das Licht so hell war, dass es ihn fast blendete, steckte er schnell den Korken auf die Flasche, ließ sie in einen Sack verschwinden, um das Licht zu dämpfen, und lief an den Strand zu seinem Boot, in dem er alles verstaut hatte, was er für sein Abenteuer benötigte. Die Leuchtflasche befestigte er in einem gefundenen Korb am Bug der Molle und mit einigen kräftigen Ruderschlägen seiner Holzkellen fuhr er hinaus auf die offene See. Das war ein wunderbares Gefühl – er, der Zwerg Striborg, der nie einen Fuß ins Wasser hatte setzen dürfen, schwamm in seiner Molle auf den Wellen, die ihn schaukelten wie ein Kind in der Wiege. Als sich die Dunkelheit gleich einem Mantel aufs Wasser legte, begannen die Glühwürmchen noch heller zu leuchten und auch die Pilze strahlten wie das Licht der Sonne. Der Schein erhellte ihm die nähere Umgebung. Doch nicht genug damit, das Licht lockte auch die Fische an, die neugierig herausfinden wollten, woher die plötzliche Helligkeit kam, die sie blendete.

Er nahm sich einen seiner Speere und versuchte, einen Fisch aufzuspießen und an Bord zu holen. Das war ein schwieriges Unterfangen, denn ihm fehlte jede Übung. Ob es nun Zufall war oder das Ergebnis fleißigen Übens – jedenfalls zappelte plötzlich ein großer Fisch an seinem Speer und es gelang ihm tatsächlich, ihn an Bord zu holen.

Gerade wollte er einen weiteren Fisch stechen, als das mächtige Rauschen einer großen Welle Unheil vermuten ließ. Da hörte er auch schon eine warnende Stimme.

»Striborg, was tust du? Striborg, was suchst du? Striborg, was tust du?«

Ängstlich schaute sich der Zwerg um. Er konnte aber nicht sehen, wer ihn rief. Nur eine größere Welle sah aus, als verberge sich in ihr eine seltsame Gestalt, zur oberen Hälfte einer Frau ähnelnd, während der untere Teil einem Fisch glich.

»Ich bin's, die Meerjungfrau Merfolk. Was plünderst du meine Fischgründe mit deinen Speeren, Zwerg in der Molle? Genügt es dir nicht, dass ihr kleinen Teufel vom Streckelsberg mit Unheil und Schabernack die Menschen ärgert, deren Haus und Hof ihr heimsucht und deren bestellte Felder ihr verwüstet? Muss es jetzt auch noch das Meer sein, wo ihr euer Unwesen treibt?«

Im schimmernden Schein seiner selbstgebauten Lampe erkannte Zwerg Striborg schließlich die Meerjungfrau. Da fielen ihm all die schrecklichen Geschichten ein, die sich die Alten von früher erzählten, als die Sturmflut über Usedom gekommen war. Mit zittriger Stimme bat er die Meerjungfrau:

»Ach, hochwohlgeborene Merfolk, hab Mitleid mit einem kleinen Zwerg, der sich in deine Welt verirrt hat! Ich will es auch nie wieder tun, wenn du mich verschonst.«

»Warum soll ich dich verschonen, du ungebetener Gast?«

Dabei wogten die Wasser heftig hin und her, dass Striborg Mühe hatte, sich in seinem seltsamen Gefährt festzuhalten, um nicht über Bord geworfen zu werden. Es hätte ihm nichts Schlimmeres passieren können, als ins kalte Nass zu stürzen. Zwerge können nämlich nicht schwimmen.

»Hab Erbarmen mit mir, verehrungswürdige Königin der Meere!«, flehte er. »Ich bin doch nur ein kleiner Zwerg. Was hättest du davon, mich in die Tiefe zu ziehen?«

»Du bist ungefragt und ungebeten in mein Reich eingedrungen. Was hätte ich davon, dich zu verschonen?«

Da schwappten schon die ersten Wellen in seine Backmolle, dass Striborg die Füße vor dem Wasser schützen musste, indem er sie auf das halbwegs sichere Brett hob, das ihm als Sitzbank diente.

»Großmütige Kaiserin der Meere!«, wimmerte der Zwerg. »Ich bitte dich um Vergebung. Ja, es war Leichtsinn, ungefragt in dein Reich einzudringen. Verzeih einem armen kleinen Zwerg die Dummheit. Es soll auch nie wieder geschehen, wenn du mich zurück ans Ufer lässt, Göttin aller Meere.« In seiner Not erfand er immer schmeichlerische Anreden, worüber Merfolk schließlich lachen musste.

»Was hat dich denn zu dieser Torheit verleitet, Zwerg?«

»Ach«, sagte Striborg, »wenn man sein Leben lang nichts anderes als Beeren und Früchte, Maden und Würmer zwischen die Zähne bekommt, um den Magen zufrieden zu stellen, da wundert es nicht, wenn einem das Gerede von Braten und geräuchertem Fisch, das man gelegentlich von den Menschen hört, auf dumme Gedanken bringt.«

»Beeren und Früchte, Maden und Würmer!«, wiederholte Merfolk. Und das klang fast wie Seufzen und Sehnsucht, einmal etwas anderes essen zu können als Tang und Algen.

Da hatte Striborg mal wieder eine Idee. »Liebliche Jungfrau!«, flötete er und gab sich Mühe, viel Schmelz in seine Stimme zu legen.

»Ich würde dir für mein Leben gern täglich einen Eimer mit frischen Beeren und schmackhaften Maden kredenzen. Aber wie soll das gehen, wenn du mich jetzt zur Strafe in die Tiefe ziehst, nur weil ich leichtsinnig genug war, nachts aufs Meer hinauszufahren?«

Merfolk ahnte noch nicht genau, worauf der Zwerg hinauswollte, deshalb ließ sie die Wellen erneut aufrauschen und hielt ihm vor, nicht nur ungebeten in ihr Reich eingedrungen zu sein, sondern auch noch feige ihre Fische mit Licht getäuscht und gefangen zu haben.

Dabei schwoll das Rauschen der Wellen wieder beängstigend an.

Striborg war sich der Gefahr durchaus bewusst, in die er sich begeben hatte, aber Not macht erfinderisch, weshalb er seinen Vorschlag wiederholte, ein tägliches Opfer darzubringen, damit die liebe Herrscherin aller Meere sich nicht nur von Tang und Algen ernähren musste, was, behauptete er kühn, wirklich nicht nach Delikatesse klang.

Es schien, als zögere Merfolk. Die Wellen glätteten sich wieder.

»Wie soll das gehen?«, fragte sie vorsichtig.

Da glaubte er, gewonnen zu haben.

»Jeden Morgen schütte ich einen Eimer mit Beeren und Maden, mit Früchten und Würmern an einer von dir zu bestimmenden Stelle ins Meer. Du musst nur rechtzeitig vor Ort sein, um deine Köstlichkeiten abzuholen.«

Noch immer flackerte das Licht im Wasser. Striborg sah, wie sanft die Wellen rollten. Insgeheim frohlockte er, das Meereswesen mit seinem Angebot besänftigt zu haben.

»Trage mich zurück, Liebliche, damit ich trockenen Fußes wieder an Land komme. Und morgen früh, du wirst sehen, trage ich den ersten Eimer mit Köstlichkeiten für dich ans Meer. Und das von da an Tag für Tag.«

So einfach war die Meerfrau aber nicht zu überzeugen.

»Wenn du erst einmal in Sicherheit auf trockenem Boden bist, wirst du deinen Schwur schnell vergessen, weil du glaubst, ich könne dir dann nichts mehr anhaben.«

»Das würde ich nie tun!«, behauptete Striborg entsetzt.

»Solltest du versuchen, mich zu betrügen und glauben, an Land sicher vor mir zu sein, werde ich Rod, den Gott des Regens bitten, alle Wolken über dem Streckelsberg zu öffnen, um dich und deinesgleichen aus dem Berg zu spülen. Aber, Striborg, solltest du dein Versprechen halten, so darfst du mein Reich weiterhin betreten, mir dein Opfer bringen und einen einzelnen Fisch darfst du fangen!«

Striborg begriff, dass das keine leere Drohung war und das Angebot war gut und gerecht, also verdeutlichte er mit einem starken Nicken:

»Ich schwöre es dir bei meiner Zwergenehre, mich an mein Versprechen zu halten. Du bekommst deine tägliche Portion Zwergenkost, liebenswerte Merfolk.«

»Gut«, sagte die Meerfrau. »So soll es sein.«

Da atmete Striborg erleichtert auf. Er wusste, dass mit den Göttern und Geistern nicht zu spaßen ist. Reizte man den einen, bekam man es mit allen zu tun. Erleichtert setzte er sich auf den Boden seiner Molle und ließ sich sanft treiben. Im Morgennebel war die Küste von Usedom schon zu erkennen, auch der Streckelsberg, jener Hügel, den die Usedomer in Ermanglung eines Vergleiches Berg nannten, zeichnete sich gegen den langsam aufhellenden Himmel ab. Dort war sein Zuhause, dort lebten die Zwerge in unterirdischen Gängen und Höhlen.

Die Backmolle berührte den Ufersand. Noch ein kleiner Stoß und der Zwerg konnte an Land springen.

»Es bleibt dabei!«, warnte die Meerjungfrau Merfolk. »Jeden Abend bringst du mir einen Eimer mit deinen Köstlichkeiten. Wage es nicht, mich hintergehen zu wollen, Striborg. Du weißt nicht, wie ich im Zorn bin.«

Striborg beeilte sich, sein Versprechen noch einmal zu wiederholen.

Er setzte erleichtert seinen Fuß an Land. Da drehte er sich noch einmal zum Meer um und versprach:

»Gesagt ist gesagt.«

Am Strand entzündete er mit trockenem Tang und etwas trockenem Treibholz ein winziges Feuer und räucherte und briet seinen Fisch, dem ihm die Meerjungfrau gelassen hatte. Er hoffte sehr, der Geschmack wäre die Mühe und das Versprechen wert, welches er ihr gegeben hatte und tatsächlich schmeckte das Meerestier so vorzüglich, wie er es sich immer erträumt hatte. Wie gut war das Versprechen, dass er ab jeden Tag mit der Erlaubnis der Meeresgöttin einen Fisch fangen durfte.

Fortan brachte der Zwerg täglich die Ration versprochene Köstlichkeiten mit seiner kleinen Backmolle hinaus auf die See, mit seiner leuchtenden Flasche und einem Schwarm Fische im Schlepptau, der ihm vom Licht angelockt folgte und sich an den ins Meer geworfenen Maden, Würmern und Beeren satt aß.

Und so kommt es, dass manche Fischer vor Usedom des Nachts ein Licht sehen. Und mancher behauptet bis heute starr und fest: Das ist der Zwerg in der Backmolle, mit seinen zwei Ruderkellen. Wer ihn sieht, dem schenkt die See reichen Fang, denn mit ihm reisen die Fische.

Die Prinzessin im Berg Golm

Unweit vom Dorf Kamminke am Haff befindet sich eine bergähnliche Erhebung, von deren oberster Stelle man einen schönen Blick rundum auf die Insel Usedom hat. Wie der Golm oder Gollenberg genannte Hügel entstanden ist, weiß eine alte Sage zu berichten.

Einst herrschte ein Fürst auf der Insel, der gegen jedermann misstrauisch war. Kaum einem seiner Höflinge gelang es, sein Vertrauen zu gewinnen oder doch wenigstens von ihm gerecht behandelt zu werden. Man tat gut daran, ihm aus dem Weg zu gehen, soweit das möglich war, denn er konnte recht jähzornig werden. Ständig fürchtete er, betrogen oder hintergangen zu werden von Leuten, die es auf seinen Reichtum und vor allem auf seine über alle Maße schöne Tochter abgesehen hatten. Nachts schlief er nicht etwa in seinem Bett, sondern auf einer eichenen Lade, in dem sich all sein Gold und Geld befand. Um sich gegen mögliche Räuber zu schützen, band er sich während des Schlafs sein Schwert an der rechten Hand fest. Um seine linke Hand hatte er ein Seil gebunden, das von seinem Nachtlager unter einer verschlossenen Tür ins Nachbarzimmer führte, an dessen Ende die linke Hand der Prinzessin geknotet war. Wie gesagt, es konnte kein Mensch misstrauischer sein als jener Fürst.

Solange die Prinzessin noch ein Kind gewesen war, nahm sie die Absonderlichkeiten ihres Vaters nicht bewusst wahr. Ihr gegenüber verhielt er sich, wie sich ein liebender Vater gegenüber seiner Tochter verhält. Dass er sie nicht aus den Augen ließ, erklärte sie sich mit der Sorge, er könne nicht zur Stelle sein, wenn sie ihn brauchte, wenn sie sich beim Spielen verletzte oder wenn jemand garstig zu ihr war. Sie liebte ihren Vater.

Aus dem fröhlichen Kind wurde eine schöne Prinzessin. Da begriff er, dass eine Zeit kommen würde, in der er sie nicht mehr beschützen konnte, denn seine Tochter wurde erwachsen. So schwer es dem Fürsten auch fiel, er prüfte, an wen er sein Kind verheiraten könnte und wer als ihr Mann und sein Schwiegersohn in Zukunft die Geschicke seiner Herrschaft leiten und lenken sollte.

Es hatte sich im Land herumgesprochen, dass die Prinzessin ins heiratsfähige Alter gekommen war. Da stellten sich nach und nach die Bewerber mit kleinen Geschenken und großen Versprechungen ein. Jedoch – sie kamen selten weiter als bis zum Vater, der jeden Mann für untauglich und unwürdig hielt und der sie abwies, ehe sie seiner Tochter zu nahe kommen konnten.

Die Jahre gingen hin. Der Fürst war grau und krank geworden. Auch die Prinzessin kam in die Jahre. Erste Falten durchzogen ihr Gesicht, graue Strähnen mischten sich in ihr einst schwarzglänzendes Haar. Und da sie sich wie in einem goldenen Käfig gefangen fühlte, suchten sie vielerlei trübe Gedanken heim, indem sie glaubte, eines Tages als alte Jungfer sterben zu müssen, ohne ein bisschen mehr Freiheit, ein wenig mehr Leben genossen zu haben.

Vielleicht hätte sich ihr Leben doch noch zum Guten wenden können, wenn der letzte Bewerber, der um ihre Hand hatte anhalten wollen, nicht gar zu hässlich gewesen wäre. Dass er ein Zauberer war, ahnte sie nicht einmal. Es stand ihr aber auch nicht mehr der Sinn nach einem Ehemann, zumal ihr Vater plötzlich verstorben war, auf dessen Rat sie doch immer gehört hatte. Also wies sie den Bewerber mit einem höhnischen Lachen ab. Er möge sich bei der hässlichsten Kröte vorstellen. Vielleicht nähme die ihn. Solche Boshaftigkeit wäre der jungen Prinzessin nicht in den Sinn gekommen, doch sie war alt und bitter geworden.

Die Worte verletzten den Zauberer sehr, wenngleich er es weniger auf die Braut abgesehen hatte als auf deren Reichtum. So traf sie sein Zorn mit aller Wucht, indem er den Fluch aussprach:

Da liegt dat Gollen,
Schall mi wol över hollen,
Bet stumm'n betern Frieger kümmt
Ub'n Hansdag, 'n rein Sundagskind! [4]

Das Gold solle so lange im Inneren des Berges verborgen bleiben und von der Prinzessin bewacht werden, bis am Hansdag, also dem Johannistag, ein stummer Freier sie erlösen komme.

---

4 »Da liegt das Gold, es soll mich wohl überdauern. Bis ein stummer und besserer Freier kommt am Johannistag, ein reines Sonntagskind!«

Kaum hatte er den Fluch ausgesprochen, verwandelte sich das Schloss in einen Berg, in dessen Innersten die Prinzessin samt all ihrem Reichtum eingeschlossen war. Nur einmal im Jahr, nämlich am Johannistag, durfte die Prinzessin ihr Gefängnis verlassen, um zu sehen, ob der ersehnte Befreier gekommen war.

So ist der Berg zu seinem Namen gekommen, denn Golm bedeutet Gold. Jedoch, ein solcher Freier erschien nie.

Einst, so wird erzählt, spielten Kinder am Golm. Wie der Zufall es wollte, war es der 24. Juni, zu Ehren des Täufers Johannes Johannistag benannt. An diesem Tag kam die Prinzessin, wie jedes Jahr einmal, aus dem Berg heraus, um Ausschau zu halten. Als die Kinder ihrer ansichtig wurden, liefen sie schreiend davon, denn sie mussten sie für ein Gespenst oder eine Hexe halten. Traurig wie alle Jahre und verbittert musste die einst schöne Prinzessin in ihren Berg zu rückkehren.

Der Berg Golm gehört zur Usedomer Gemeinde Garz. Als die ein Wappen als Erkennungszeichen suchte, hat man die Prinzessin in Erinnerung an die Sage bildlich auferstehen lassen. Das Garzer Wappen zeigt unter anderem das Porträt einer silbern gekrönten Prinzessin mit schwarzem Haar, die eine silberne Halskette trägt. Somit hat sich die Sage von der im Berg eingeschlossenen Prinzessin auf besondere Weise doch noch erfüllt. Der Fluch des Zauberers konnte sie nicht ganz in die Vergessenheit verdammen.

Die goldene Rose im Kloster Pudagla

Die Siedlung Pudagla, zu der die Ortsteile Camink und die Schäferei Stoben gehörten, befindet sich in unmittelbarer Nähe des Achterwassers und dem südöstlich angrenzenden Schmollensee am Fuße des Glaubensberges. Hier stand einst ein Kloster, in dem ein ganz besonderes Heiligtum aufbewahrt wurde: eine goldene Rose. Sie war ein Geschenk vom Papst an den Herzog, der sie aus Rom mitgebracht und den Mönchen in Pudagla zum Geschenk gemacht hatte. Die goldene Rose erlangte einen so großen Ruhm, weswegen sie einmal im Jahr den von weit her angereisten Wallfahrern und Pilgern gezeigt wurde. Wer sie berührte, hieß es, würde von allen Beschwernissen befreit und kehre genesen nach Hause zurück.

Am Rande von Pudagla, nahe dem Schäfermoor, lebte eine junge Frau, Hannah Bansemer mit Namen, die ein schweres Los zu tragen hatte. Ihr kleiner Sohn Jannis war bereits krank und schwach zur Welt gekommen. Er hatte Mühe zu atmen und wuchs nicht so schnell wie andere Kinder. Sie sorgte sich sehr. Die Leute von Pudagla, mit denen Hannah sich bis dahin gut verstanden hatte, zogen sich mehr und mehr von ihr zurück. Es wurde nämlich gemunkelt, der Knabe sei von einem bösen Geist besessen, weil er manchmal Anfälle bekam, fürchterlich mit den Zähnen knirschte, die Augen verdrehte und mit seinen mageren Gliedmaßen um sich schlug, als müsse er sich gegen irgendetwas oder irgendwen wehren. So kam es, dass Hannah Bansemer mehr und mehr von allen gemieden wurde und sehr einsam mit dem kranken Kind in ihrer Hütte lebte.

Manchmal, wenn Jannis gerade wieder einmal einen Anfall gehabt hatte, der ihn besonders schüttelte, nahm sie ihn auf den Arm und ging zum Glaubensberg. Von dort hatte sie einen weiten Blick auf die Insel und vor allem aufs Achterwasser. Die Meeresluft tat dem Jungen gut und er entspannte sich dann immer, wenn sie hier heraufgingen. Sie herzte, küsste und streichelte dem Kind beruhigend über den Kopf.

Eines Tages war die Verzweiflung von Hannah so groß, dass sie sich mit ihrem Sohn auf den Weg nach Mellenthin machte. Dort sollte eine alte Frau leben, die zwar über Heilkräfte verfügte, aber als Hexe verschrien war. Sie band Jannis mit einem Tuch eng an ihren Körper und trug ihn den ganzen Weg bis nach Mellenthin. Als sie vor dem besagten Haus der alten Frau stand, überwand Hannah ihre Angst und klopfte zaghaft an die Tür. Sie musste drei Mal immer kräftiger anklopfen, bis endlich eine greise Frau im Türrahmen stand, die sie mit zusammengekniffenen Augen misstrauisch musterte.

»Was willst du?«, fragte sie mit knarziger Stimme.

»Es ist wegen meines Sohnes«, flüsterte Anna. Und weil die Alte ihre rechte Hand wie einen Trichter hinters Ohr hielt, wiederholte sie ihre Antwort etwas lauter. »Er ist…« wollte sie erklären, aber die Alte winkte ab. »Weiß ich. Er ist besessen.«

Doch das wollte Hannah nicht hören über ihr Kind. »Er ist krank«, flüsterte sie, als müsse sie um Verzeihung bitten.

»Und? Was habe ich damit zu tun?«

»Kannst du helfen, liebe Frau?«

»Kannst du bezahlen?«, krächzte die Alte.

»Womit?«, fragte Hannah. Sie hatte doch nichts.

Da wollte die Frau die Tür schon wieder zuschlagen, hielt aber kurz inne und fragte herrisch: »Kannst du putzen?«

Hannah war zwar arm, aber ihre Hütte hielt sie stets sauber. Ja, natürlich, das könnte sie. Und vor der Arbeit war sie noch nie weggelaufen. So kam es, dass sie in die Hütte der Alten eingelassen wurde, die ihr zu helfen versprach, wenn Hannah das Zimmer aufräume und die Fenster blank putze.

Hannah machte sich sofort an die Arbeit. Sie schrubbte die Dielenbretter, sie wischte den Tisch und die beiden Stühle, sie spülte die Tassen und Gläser sauber, wusch den Schmutz von den kleinen Fenstern und sie schüttelte sogar den Strohsack auf, der der Alten als Schlafstätte diente. Alles ging ihr flink von der Hand. Die Aussicht, dass sie dafür mit einem Heiltrunk für ihren Sohn belohnt würde, verlieh ihr fast Flügel, so fix schuf sie Ordnung und Glanz in der Hütte.

Die Alte sah es mit Wohlgefallen. Ihre finstere Miene hellte sich sogar etwas auf und ihre Stimme klang ein wenig freundlicher als zu Beginn.

Einen halben Tag brauchte Hannah, dann war die Arbeit getan. Zufrieden sah sie sich um und hoffnungsvoll blickte sie die alte Frau an. Doch wie enttäuscht war sie, als sie erfuhr, welcher Art ihr Lohn sein sollte, der nämlich nur in einem Rat bestand:

»Koche ihm eine kräftige Hühnerbrühe.«

Eine Hühnerbrühe kann man aber nur zubereiten, wenn man ein Huhn hat, das man kochen kann. Wie sollte sie ein Huhn kochen, das sie gar nicht besaß, und das, wenn sie es besäße, täglich ein Ei legen würde, das man kochen, braten oder in eine dünne Suppe einrühren konnte?

Hannahs Hoffnung zerplatzte wie eine Seifenblase.

»Ich habe keinerlei Vogel, den ich für meinen Sohn zubereiten könnte«, sagte sie enttäuscht. Dafür hatte sie der Alten den Dreck weggeräumt und das Zimmer gerichtet? Traurig wandte sie sich zum Gehen. Da muss sich im Herzen der alten Frau doch etwas bewegt haben, denn sie sagte:

»Geh nach Pudagla ins Kloster mit ihm. Er soll die goldene Rose berühren.«

Müde lächelte Hannah. Ja, von der Heilkraft der Rose hatte sie bereits gehört. Das Kind schlief an ihrer Brust. Es war noch schwächer als sonst. Und nun noch mal der lange Weg zurück … Ob die Mönche sie ins Kloster lassen würden? So eilig sie konnte, lief sie los. Und während sie lief, sang sie für Jannis ein Lied, damit er ruhig blieb und wohl schlafen konnte.

Godn Abend gode Nacht,
mit Rosen bedacht,
mit Negelken besteeken,
krup ünner de Deeken,
Morge frö wills God,
wöl wi uns wedder spreeken.[5]

Sie erreichte das Kloster am Abend und klopfte an der schweren Pforte. Nach gefühlten Ewigkeiten öffnete ein junger Novize ein kleines Fenster in der Tür.

»Ja? Wer klopft zu so später Stunde?«

5 »Guten Abend, gute Nacht, mit Rosen bedacht, mit Näglein besteckt, schlupf' unter die Deck'. Morgen früh, wenn Gott will, wollen wir uns wieder sprechen.«

Er erblickte Hannah mit dem umgebundenen Kind. Im ersten Moment wollte er öffnen, denn Wohltaten waren Pflicht für die christlichen Mönche, doch in diesem Augenblick ereilte den armen Jungen ein Anfall und er begann zu knirschen und zu zappeln, dass es dem Mönch ganz bang wurde.

»Liebe Frau! Böse Geister lassen wir nicht in unser Kloster. Bitte geh wieder«, sagte er fest. Hannah bat und bettelte und erklärte, dass sie doch nur hier war, damit das kranke Kind die Heilung durch die Rose erfahre. Doch die Türklappe wurde geschlossen und sie stand alleine vor dem Tor. Jetzt war sie so weit gekommen und würde nicht aufgeben. Sie sang für Jannis erneut das Schlaflied, bis er ruhiger war und fasste einen Entschluss: Sie würde heimlich ins Kloster eindringen.

Es war leichter, als sie gedacht hatte. Durch eine hintere Pforte gelangte sie in das Gebäude. Im Altarraum, für jeden sichtbar, lag das Heiligtum in einem Glaskasten, der sich mit einiger Mühe öffnen ließ. Einen Moment lang zögerte Hannah, aber dann griff sie zu und holte die Rose aus ihrer Vitrine. Seltsam, dachte sie, als sie die goldene Blume in der Hand hielt, sie fühlt sich ganz warm und samtig an und ihre Dornen taten ihrer Hand nicht weh.

Gerade wollte sie das Tuch und das Kind lösen, damit der Junge die Rose berühren konnte, da hörte sie plötzlich eine ernste Stimme.

»Was tust du da, Hannah Bansemer?«

Sie traute sich nicht umzusehen. Erst als der Abt, denn kein Geringerer hatte sie bei dem vermeintlichen Diebstahl überrascht, streng wiederholte:

»Was tust du da, Hannah?«

Sie fiel auf die Knie und bat um Gnade. Sie habe nicht die Absicht gehabt, die goldene Rose, das Heiligtum des Klosters, zu stehlen. Sie wollte sie sich lediglich ausborgen, damit ihr Sohn sie berühren konnte. Sie erzählte dem Abt unter Tränen, warum sie diese Verzweiflungstat begangen habe. Aber sie flehte umsonst, denn der Abt hörte gar nicht zu. Vielleicht hätte der strenge Abt Gnade vor Recht ergehen lassen, wenn es irgendein anderer Gegenstand gewesen wäre, den sie an sich genommen hatte. Aber die goldene Rose? Nein, das war eine schlimme Sünde und die musste geahndet werden.

Es half kein Flehen, es halfen keine Tränen. Zwei Büttel kamen und brachten Hannah und ihren Jungen ins nächste Gefängnis, wo sie auf ihr Urteil warten sollte.

Der Richter ließ sich ebenso wenig erweichen wie der Abt. Es war Diebstahl in einem besonders schweren Fall. Da kannte das Gesetz keine Gnade. Sie würde lebenslang ins Gefängnis gehen.

Fassungslos starrte Hannah zum Richtertisch. Es war aber nicht die Sorge um sich. Mit dünner, verzweifelter Stimme bat sie um Gnade. Sie hatte gefrevelt, das wusste sie. Wenn es auch nach ihrer Meinung kein wirklicher Diebstahl gewesen war, sie hätte die Rose ja gleich zurückgelegt, sobald ihr Sohn sie hätte berühren können, aber das konnte sie leider nicht beweisen.

Der Richter schlug das vor ihm liegende dicke Buch mit den zahlreichen Paragrafen zu. Er hörte auch nur noch halb hin auf die Klagen und Bitten der Frau. Doch da hatte er plötzlich eine Idee. Er war schon halbwegs im Weggehen begriffen, als er sich noch einmal hinsetzte. Dann räusperte er sich. Die Zuhörer im Gerichtssaal hoben erstaunt die Köpfe. Was bedeutete das?

»Höre, Diebin«, begann er. »Ich will dir Gelegenheit geben, deine Behauptung zu beweisen, du hättest nicht stehlen wollen, sondern nur aus Sorge um dein Kind gehandelt. Sollte das stimmen, wird Gott seine schützende Hand über dich halten. Aber du musst etwas tun, was noch keiner bisher gewagt hat. Bestehst du diese Prüfung, will ich dich begnadigen. Versagst du, wartet das Gefängnis auf dich.«

Alle hoben erstaunt die Köpfe. Hannah wandte dem Richter ihr tränenüberströmtes, angstblasses Gesicht zu. Glomm da so etwas wie Hoffnung in ihren Augen?

»Es gibt ein Gerücht«, setzte der Richter an. »Es soll einen unterirdischen Gang geben, der vom Kloster Pudagla nach Mellenthin führt, ein direkter Weg, eine Abkürzung. Der Eingang ist verschüttet und niemand hat bisher gewagt, ihn frei zu graben. Der Versuch ist zwar schon mehrmals unternommen worden, aber alle, die das Geheimnis lüften wollten, sind unverrichteter Dinge zurückgekehrt oder verschollen. Gelingt es dir, in den Gang einzudringen und in Mellenthin wieder an die Oberfläche zu kommen, soll dir die Freiheit geschenkt sein. Dann wird der Abt persönlich die Rose zu deinem Sohn tragen. Vielleicht macht ihn das gesund. Wirst du es versuchen?«

Hannah wäre bereit gewesen, alles zu tun, wenn sie dadurch ihren Sohn hätte retten können. Sie fiel auf die Knie und hob wie segnend die gefesselten Hände. »Ja«, flüsterte sie, »tausend Mal ja, Herr Richter. Ich werde es tun.«

Jetzt erhob sich der gestrenge Herr, nickte den beiden Bütteln zu seiner rechten und linken zu, was bedeutete, dass der Frau die Ketten abgenommen werden sollten und sie an den Eingang des zugeschütteten Ganges in der Nähe des Klosters gebracht würde.

Obwohl Hannah noch sehr schwach auf den Beinen war und die ganze Zeit ihr Kind bei sich trug, erhob sie sich hastig und ließ sich von den Bütteln wegführen.

Hannah wusste nicht, woher sie die Kraft nahm, aber sie begann, kaum dass sie vor dem verschütteten Gang stand, die Schaufel in beide Hände zu nehmen und das Erdreich und die klobigen Steine beiseitezuräumen. Fast eine Stunde lang grub sie und scharrte sie und trug das herabstürzende Geröll zur Seite, als sich plötzlich ein mannshoher Gang öffnete, in den sie vorsichtig hineintrat. Schritt um Schritt, sich dabei immer wieder sichernd umblickend, ging sie vorwärts. Merkwürdig war, dass der Gang zwar mäßig, aber immerhin so gut beleuchtet war, dass sie sich nicht ganz im Dunklen hätte vortasten müssen. Das matte Licht kam von den Wänden des Ganges, als ob die Steine von Gold und Silber wären.

Doch plötzlich endete der Gang. Eine schwere, eiserne Tür versperrte Hannah den Weg. Es war auch nirgendwo ein Schlüssel zu sehen, nicht einmal ein Schlüsselloch, in den einer gepasst hätte. Unsicher verharrte sie vor dem Hindernis. Da berührte sie vorsichtig die Tür und, oh Wunder, die sprang sofort auf. Grelles Licht blendete sie, dass sie für einen Moment die Augen schließen musste. Als sie sie wieder öffnete und sehen konnte, entdeckte sie in geringer Entfernung ein Wuseln und Wirbeln von lauter kleinen Menschen, Zwergen, die, als sie ihrer ansichtig wurden, überrascht aufblickten und durcheinanderriefen. »Ein Menschenkind! Ein Menschenkind! Brüder und Schwestern, jetzt sind wir wieder frei!«

Es war nämlich so, dass ein böser Zauberer die Zwerge einst in dem Berg eingesperrt und die Türen von Pudagla her und nach Mellenthin hin so verschlossen hatte, dass sie nur von außen oder von eines Menschen Hand geöffnet werden konnten. Die Zwerge umringten und umtanzten Hannah, durch die sie die Freiheit wiedergewonnen hatten. Sie bewirteten sie mit köstlichen Speisen, die Hannah im Leben noch nicht gesehen, geschweige denn gekostet hatte. Sie kredenzten ihr köstliche Säfte und reichten ihr das schmackhafteste Obst. Auch Jannis wurde gut versorgt.

Währenddessen musste sie erzählen, was geschehen war und welche Prüfung ihr der Richter auferlegt hatte. Sie müsste allerdings einen Beweis erbringen, dass sie wirklich von Pudagla nach Mellenthin unter der Erde gegangen war, damit auch sie die Freiheit erlange und ihr Sohn die goldene Rose berühren dürfte.

»Nichts leichter als das«, verkündete der oberste Zwerg. »Du bekommst eine Erbsenranke als Beweis, die sonst nur bei Sonnenlicht gedeihen kann. Zeige sie dem Abt und dem Richter. Sie werden dir glauben, woher du sie hast. Vorher steckst du dir aber drei Erbsen in die Schürze, damit auch du eine Erinnerung an uns behältst.« Dabei sah der Oberzwerg sie bedeutungsvoll an und die anderen nickten heftig.

Hannah nahm die Ranke dankbar entgegen, wenn sie auch zweifelte, ob das ein überzeugender Beweis sein könnte. Aber die Tatsache, dass sie am Ende des Ganges in Mellenthin wieder ans Tageslicht treten würde, war Beweis genug, dass der Gang existierte und sie ihn durchschritten hatte.

Und genau so geschah es. Die Tür Richtung Mellenthin öffnete sich nach einer sanften Berührung, als würde sie von Geisterhand aufgestoßen. Für die Zwerge hatte sie das nie getan. Hannah trat in das andere Ende des Ganges, winkte noch einmal zurück, um sich für die Segenswünsche der Zwerge zu bedanken, dann schritt sie kräftig aus und erreichte bald das andere Ende des Ganges, wo sie, verborgen von dichtem Buschwerk, wieder ans Tageslicht gelangte.

Die Mellenthiner waren höchst erstaunt, als sie der Frau ansichtig wurden.

»Ist das nicht die Hannah mit dem kranken Kind?«, fragte eine Frau und musterte sie eindringlich.

»Ja, ich bin es«, antwortete Hannah. »Ich bin die Hannah aus Pudagla und meine Hütte steht nahe der Schäferei.«

Da erkannten sie auch die anderen.

»Und was willst du mit der Erbsenranke?«, fragte die Frau, die sie als erste erkannt hatte.

»Die soll ich dem Abt und dem Richter geben.«

Da beschlossen drei Mellenthinerinnen, sie auf dem Weg nach Pudagla zum Richter und zum Abt zu begleiten, denn auch sie wollten wissen, welche Bedeutung das Geschenk der Zwerge haben könnte.

Sie erreichten das Tor zum Kloster. Der Abt trat heraus, gefolgt von dem Richter, der ihn gerade besucht hatte. Wie überrascht waren sie, die einstige Gefangene gesund vor sich zu sehen. Hannah erzählte den beiden, was sie erlebt hatte und welches Geschenk ihr die Zwerge mitgegeben hatten. Dabei überreichte sie dem Richter die Erbsenranke. Der nahm sie zwar entgegen, roch auch daran, schüttelte dann aber den Kopf, weil er nicht verstand, was das Ganze zu bedeuten hatte.

Das Wunder geschah, als der Abt die Ranke in die Hand nahm. Das Grün der Blätter und des Stängels verwandelte sich plötzlich in blinkendes Gold und war miteins noch schöner und wertvoller als die goldene Rose aus der Hand des Papstes.

Auch der Richter war beeindruckt und sprach: »Du hast die Prüfung bestanden, Hannah. Damit bist du frei.«

Das hörten natürlich auch die Frauen aus Mellenthin. Sie klatschten begeistert in die Hände und umsprangen Hannah, als wäre sie der Mittelpunkt eines Volkstanzes. Der Abt ging sogleich ins Innere des Klosters, entnahm der Vitrine die goldene Rose, um sie Hannah zu übergeben.

»Trage sie nach Hause. Dein Sohn soll sie berühren und lege sie in der Nacht in seine Wiege, um ganz sicher zu gehen. Sie wird ihm Heilung bringen. Und morgen legst du sie wieder in die Vitrine, wohin ich jetzt gleich auch die goldene Erbsenranke legen werde.«

So geschah es. Hannah beeilte sich, nach Hause zu kommen. Sie legte Jannis in die Wiege und gab ihm die goldene Rose in die kleine Hand. Seelig schlief er ein und ließ die Rose nicht mehr los. Da färbten sich seine sonst stets blassen Wangen rot, sein Mund zeigte sogar ein schwaches Lächeln. Auch das Röcheln seines Atems war nicht mehr zu vernehmen.

Hannah war so glücklich wie noch nie in ihrem Leben.

»Alles wird gut«, sagte sie. »Jetzt wird alles gut.«

Da erinnerte sie sich an die drei Erbsen, die ihr die Zwerge in die Schürzentasche gesteckt hatten. Wie staunte sie, als sie die drei Kügelchen aus der Tasche nahm. Sie waren aus purem Gold und viel größer, als sie sie von den Zwergen erhalten hatte. Da beeilte sie sich, um auf dem Markt ein stattliches Suppenhuhn zu kaufen und noch etwas Gemüse dazu, wovon sie ihrem Sohn eine kräftigende Mahlzeit bereiten konnte.

Und tatsächlich wurde der Junge ganz gesund. Er bekam auch keine Anfälle mehr. Seltsam war nur, dass Hannah, als sie eines Tages eine zweite Golderbse aus der Tasche nehmen wollte, statt der zwei, wie sie vermutete, wieder drei darin lagen. Wann immer sie nun zum Markt ging, um etwas mit den Erbsen zu kaufen, hatte sie bei ihrer Hütte angekommen wieder drei in der Tasche. Eines Tages brachte sie vom Viehmarkt sogar eine Kuh mit, die täglich einen halben Eimer Milch gab.

Dabei wurde Hannah nicht übermütig und kaufte nur, was sie für ihren Sohn und sich wirklich brauchte. Denn Übermut, das wusste sie, tut selten gut. Zu viel Reichtum macht die Seele arm, sagte sich Hannah. Ihr eigentlicher Reichtum bestand darin, dass ihr Sohn gesund wurde und zu einem prächtigen Burschen heranwuchs.

Die zwei Hasselwürmer

Es gibt eine Sage von zwei Drachen. Früher wurden diese auch Lindwür-mer genannt. Der eine lebte in einem Gehölz bei Lassan und der andere trieb sein Unwesen in der nordwestlich von Usedom gelegenen Heide.

»Vor langen Jahren haben sich einmal in Pommern zwei gräuliche Lindwürmer aufgehalten, welche von den Leuten auch Hasselwürmer genannt wurden«, beginnt die Sage. In den Geschichten der germanischen Völker sind feuerspeiende Fabelwesen mit langen Schwänzen und meist kurzen Flügeln weit verbreitet. Sie sollen die Menschen einst in Angst und Schrecken versetzt haben. Viele Leute fürchten sich auch vor Schlangen wegen ihrer lebensgefährlichen Bisse. (Für sie wird in alten Sprachen das Wort »lind« verwendet. Da Drachen ihnen sehr ähneln, entstand das Wort »Lindwürmer«.)

In Lassan am westlichen Ufer des Peenestroms, gegenüber der Insel Usedom, lebte einst der Schreiber Temme. Die Leute kamen zu ihm, wenn ein Schriftstück zu schreiben oder ein amtlicher Brief zu lesen war. In dieser Zeit konnten nur wenige Leute lesen oder schreiben. Temme hatte es früher im Kloster gelernt und konnte jetzt sein Geld damit verdienen. Er bekam zwar nicht viel, aber es reichte ihm zum Leben.

Temme hatte eine Schwester Maike, die mit dem Fischer Haas verheiratet war. Zusammen lebten sie am nördlichsten Zipfel der Insel. Jedes Jahr im Frühjahr besuchte Temme sie im Norden und im Herbst kamen Schwester und Schwager nach Lassan zu ihm. Die beiden konnten mit ihrem kleinen Boot fahren, das sie immer zum Fischen nutzten. Temme hingegen musste allein zu Fuß gehen.

Er lebte etwas abgelegen vom Dorf in einem einfachen Häuschen, das nur aus einem Raum bestand. Temme hatte auch eine Ziege, die den Raum mit ihm teilte. Ihre Milch zapfte er jeden Morgen in einen kleinen Blecheimer. Auch Haas hatte sich ein Tier zugelegt. Seine Kuh konnte er sich leisten, da er erfolgreiche Fischzüge und einen gewissen Wohlstand erreicht hatte. Beide achteten immer auf ihre Tiere, denn wer wusste, ob nicht plötzlich der Drache kommen würde und sie mitnähme. Haas ließ seine Kuh auf den Seegraswiesen weiden und beobachtete sie dabei. Temme hingegen hatte seine Ziege nie vor dem Haus angebunden. Er mähte das erforderliche Futter selbst und schaffte für den Winter einen kleinen Vorrat an Heu.

Temme und Haas waren aber nicht die einzigen Menschen auf Usedom, die an die Existenz der beiden Hasselwürmer glaubten. Wer sonst sollte nachts sein Unwesen treiben? Man sollte es nicht glauben, aber der ängstlichere war nicht der Schreiber Temme. Er lebte immerhin in der Nähe von Städten. Haas aber hatte keine Nachbarschaft. Wenn da Gefahr drohte, war niemand in der Nähe, der ihm helfen könnte. In Lassan hielt sich das Gerücht von den Hasselwürmern, die ihr Unwesen trieben. Es hätten auch Wölfe sein können, die Schafe aus den Ställen stahlen und deren Geheul man hören konnte. Besonders Frauen und Kinder hatten Angst vor den Drachen und gingen abends und nachts lieber nicht aus dem Haus. Die Männer waren etwas anders. Wenn sie sich im Wirtshaus trafen, machten sie immer noch Scherze. Je mehr Bier getrunken wurde, umso fröhlicher waren sie.

Eines Tages aber kam der Förster von Lassan mit bleichem Gesicht und mit zitternden Knien ins Wirtshaus. Mit schwacher Stimme rief er:

»Der Hasselwurm war's!«. Die Männer dachten erst, dass er wieder einen Spaß machte. Als der Förster aber mit den Händen fuchtelte, als würde er ein unsichtbares Gespenst abwehren, erschraken auch sie.

»Was war der Hasselwurm?«, fragte der Wirt verunsichert. Er stellte dem Förster aber erstmal einen Krug Bier hin, damit er sich beruhigte. Doch ihm war nicht nach Bier und Beruhigung.

»Das war der Hasselwurm«, flüsterte er nochmals. Mittlerweile glaubten ihm alle die Aufregung.

Aber der Hasselwurm sollte zurück sein? Das war wirklich keine gute Nachricht. Zwar hatte man schon lange nichts mehr von dem Untier gehört und gesehen, aber der Förster musste etwas wirklich Schlimmes erlebt haben. Er war kein schreckhafter Mensch und jetzt stand ihm die Angst ins Gesicht geschrieben. War der Hasselwurm wieder da, von dem die alten mit Schaudern sprachen?

»Fang schon an zu reden!«, forderte der Wirt ihn auf zu erzählen.
Gespannt warteten auch die anderen im Wirtshaus auf den Bericht. Nachdem der Förster nun doch nochmal einen kräftigen Schluck von seinem Bier genommen und den Schaum aus seinem Bart gewischt hatte, konnte er endlich reden.

»Ich war im Lassaner Wald, um nach dem Rechten zu sehen. Der Sturm letzte Nacht ist heftig durch die Baumkronen gefahren. Neben dem ein oder anderen abgebrochenen Ast, konnte ich zum Glück keine größeren Schäden feststellen. Zufrieden machte ich mich wieder auf den Heimweg. Und da sah ich es.«

An dieser Stelle unterbrach er seinen Bericht für einen Moment. Man sah ihm an, dass die Erinnerung an das Geschehene noch deutlich vor seinen Augen stand.

»Was hast du gesehen?« fragte der Schneider, der sich von der Angst des Försters anstecken ließ.

»Ich habe den Hasselwurm gesehen«, antwortete der Förster. Ein vielstimmiges Ah und Oh war die Antwort der Leute im Wirtshaus.

»Gesehen oder nur gehört?«, wollte der Wirt wissen.

»Er war es«, blieb der Förster bei seiner Behauptung, ohne die Frage wirklich zu beantworten. Aber gesehen, nein gesehen hatte er das Ungetüm nicht.

»Es war da so ein merkwürdiger Geruch in der Luft«, fuhr er fort. »Wie von verbranntem Fleisch. Dem bin ich nachgegangen. Und da – auf einer Lichtung.« Er schüttelte sich in Erinnerung an das Geschehene.

»Was war auf der Lichtung?«

»Eine Rehherde«, lautete die Antwort.

Die anderen sahen sich verdutzt an. Was sollte daran Besonderes sein, eine Rehherde auf einer Waldlichtung gesehen zu haben?

Der Förster nickte, verstand aber nicht, warum die anderen daran nichts Ungewöhnliches fanden. »Rehe«, sagte er.

»Aha. Rehe« gab der Schneider zurück. Er klang fast enttäuscht.

»Verbrannt«, erwiderte der Förster. Hatten die Leute nicht verstanden, was er damit sagen wollte? »Sieben Tiere an einem Ort! Alle verbrannt. Als wäre eine Feuerwalze über die Lichtung gefahren. Und auch das Buschwerk, wie von einem heißen Luftstrom erfasst und verkohlt. Das kann nur vom Feueratem eines Hasselwurms kommen. Er ist wieder zurück. Gott steh uns bei!«

»Das ist eine böse Nachricht«, sagte der Wirt. Wenn der Hasselwurm noch mit seinem Bruder zurückgekommen sein sollte, dann dürften die sieben Rehe im Forst nicht die letzten Opfer gewesen sein. Also beschlossen die Männer gleich am nächsten Morgen in den Wald zu gehen. Mit Sensen und Mistgabeln wollten sie zu der Lichtung laufen, um dort die Spur des Ungeheuers aufzunehmen. Gemeinsam wollten sie stark genug sein, den Hasselwurm zu vertreiben.

Temme machte sich also am nächsten Morgen mit insgesamt 23 Lassanern auf die Suche. Er hatte zwar keine Waffe wie die anderen mit, aber er wollte dabei sein, um danach alles aufzuschreiben. Die nächsten Generationen sollten erfahren, wie sie den Drachen vertrieben hätten.

Als die Männer am Abend aus dem Wald zurückkehrten, versammelten sie sich wieder im Wirtshaus. Auch diesmal lachten sie herzhaft miteinander und tranken Bier. Nichts hatten sie gefunden, was nach den Spuren eines Ungeheuers ausgesehen hätte. Gut, auf der Lichtung lagen einige tote Rehe mit deutlichen Verbrennungen. Vor drei Tagen hatte es aber ein heftiges Gewitter mit Blitz und Donner gegeben. Es wäre ja möglich, dass ein Blitz in die Gruppe der Rehe eingeschlagen war und sie dadurch verendet waren.

Der Förster saß an diesem Abend nicht mit im Wirtshaus. Er fürchtete, von den anderen für einen Feigling gehalten zu werden. Der wollte er nun wirklich nicht sein. Außerdem wusste er, was er gesehen hatte und das kam nicht von einem Blitzschlag.

Noch ein paar Tage lang war die Geschichte vom Hasselwurm im Wald ein Gesprächsthema. Da nichts Ähnliches geschah, wurde die Angst vor einer möglichen Gefahr immer weniger. Die Leute meinten heimlich, dass der Förster etwas getrunken hatte, als er durch den Wald gegangen war. Er hatte sowieso immer etwas Schnaps dabei und erzählte manchmal Geschichten, von denen am Ende nur die Hälfte stimmte.

Nach einem Jahr war von dem Geschehen nicht mehr die Rede. Die Lassaner verfielen in ihren Alltag. Sie sagten, dass man sehen müsste, wie man durch die Zeit käme. Außerdem gab es Streit mit den Nachbarstädten, da eine neue Salzsiederei gebaut werden sollte.

Es war Frühjahr und somit auch die Zeit, in der Temme seine Schwester besuchte. Er packte einen Rucksack mit etwas Essen und Trinken. Er hatte einen weiten Weg vor sich. Deshalb musste er früh aufstehen, damit er sein Ziel vor Einbruch der Dunkelheit erreichte.

Kurz vor Sonnenuntergang kam er nach einem anstrengenden Marsch am Häuschen an. Seine Fröhlichkeit verließ ihn jedoch schnell, als er seine Verwandten sah. Beiden saßen auf einer hölzernen Bank vor ihrer Hütte. Das Dach sah aus, als wäre ein Orkan durchgefahren. Das Schilfrohr war von seinen Trägern gerissen, sodass die Dachbedeckung so gut wie weg war. Auch die Fischernetze lagen durcheinandergewirbelt und verfilzt auf den Beeten. Die Salate und das Gemüse konnte man auch nicht mehr gebrauchen. Das Boot lag mit gebrochenem Mast und zertrümmertem Ruder auf dem Land und war völlig kaputt.

Maike hatte rot geweinte Augen. Haas biss die Zähne aufeinander, um nicht schreien zu müssen. Was war geschehen?

»Der Hasselwurm«, sagte der Schwager schließlich. »Ich habe nicht geglaubt, dass es den Drachen wirklich gibt.«

»Den Hasselwurm?«, fragte Temme ungläubig. Er erinnerte sich an das entsetzte Gesicht vom Förster, als er völlig verstört in das Wirtshaus gekommen war. Sollte es das Untier wirklich geben und hatte es das Haus von Haas und Maike zerstört?

»Und die Kuh auch«, fügte Maike bitter hinzu.

»Was ist mit der Kuh?«, wollte Temme wissen.

»Sie ist weg.«

»Wie weg?« Und so erfuhr er, dass nicht nur das Grundstück zerstört worden, sondern auch noch die Kuh aus ihrem Stall verschwunden war. Das konnte nur der Hasselwurm gewesen sein. Wer sonst?

Temme war ratlos. Die Freude, seine Familie nach so langer Zeit wiederzusehen, war dahin. Hilflos blickte er an beiden vorbei, denn er konnte es nicht ertragen, sie so traurig zu sehen. Da kam ihn die Erinnerung an ein Ereignis, das schon einige Zeit zurücklag.

»Bei uns in Lassan«, fing er vorsichtig an, »muss es wahrscheinlich auch einen solchen Drachen gegeben haben. Jedenfalls«, suchte er nach den richtigen Worten, »hat unser Förster uns das glauben lassen wollen.«

»Ein Hasselwurm bei euch im Lassaner Forst?« fragte Haas.

So genau könnte man das nicht sagen, gab sich Temme Mühe, das Ereignis nicht zu sehr in die Nähe einer Katastrophe zu setzen.

»Aber gewesen sein muss etwas«, sagte er. »Wir sind jedenfalls mit Sensen und Mistgabeln in den Wald gegangen, um das Ungeheuer zu verjagen. Als wir aber an die Stelle kamen, die uns der Förster beschrieben hatte, fanden wir keine weiteren Beweise. Oder«, fügte er nach einer Pause des Nachdenkens hinzu, »oder es war wirklich ein Hasselwurm. Er ist aber nie wieder in unserer Gegend aufgetaucht.«

»Auch wenn er es nicht war. Hier oben am Peenemünder Haken treibt jetzt einer sein Unwesen.«

»Was soll's.«, sagte Maike und erhob sich. »Es war ein langer Tag und ein weiter Weg für dich, Bruder. Ich will dir dein Bett zurecht machen.«

Aber in dem Moment, in dem sie sich in Richtung Haus drehte, erfüllte plötzlich ein gewaltiger Lärm die Stille. Es klang als würden zwei verfeindete Armeen aufeinandertreffen. Auf einmal erhellten zwei rotglühende Flammen den Abendhimmel. Gebrüll und Fauchen wurden sogar noch lauter. Wie gebannt starrten die drei in den Himmel und lauschten dem Kampflärm.

»Das ist er«, flüsterte Maike.

»Das sind sie«, bestätigte ihr Mann.

»Beide?«, fragte Temme und das Entsetzen konnte man deutlich in seinem Gesicht sehen.

Ja, das hatten die Alten immer wieder erzählt. Es gäbe zwei Hasselwürmer, die sehr stark miteinander verfeindet wären. Wenn sie im Streit um ein Revier aufeinanderträfen, würde es einen Kampf um Leben oder Tod geben. Das Land rundum würde nicht verschont werden, denn die Drachen konnten ganze Wälder in Brand stecken und Dörfer verwüsten.

Fischer Haas wollte etwas dagegen tun, denn sein Eigentum war zerstört worden und das mochte er nicht sonderlich.

»Mit Sensen und Mistgabeln könnten wir doch einige tapfere Männer losschicken, um die Ungeheuer zu jagen.« Er musste ziemlich laut sprechen, um von den beiden verstanden zu werden. Der Lärm, den die wütenden Drachen machten, wurde immer lauter. Temme schüttelte nachdenklich den Kopf.

»Ich glaube nicht, dass die Drachen damit zu verjagen sind. Da muss uns schon etwas Besseres einfallen.«

»Und was soll das deiner Meinung nach sein?«, wollte Haas fragen, als der Lärm mit einem schrecklichen Gebrüll plötzlich endete. Überrascht sahen die drei sich an. Was war das? Der letzte Schrei eines Drachens, der von seinem Gegner besiegt wurde? Oder hatte einer der beiden den Kampfort als Verlierer verlassen, um heil zu bleiben? Jedenfalls war es plötzlich still. So still, als hielte die Welt den Atem an.

»Auch ein einzelner Hasselwurm ist einer zu viel«, sagte Haas entschlossen. »Niemand darf ungestraft mein Grundstück zerstören.«

»Was willst du tun?«, fragte Temme.

»Feuer«, sagte Haas und man sah seine Entschlossenheit trotz der Dunkelheit.

»Feuer?« wollte Maike wissen.

Da erklärte Haas, was ihm durch den Kopf ging und wie man dem Unheil ein für alle Mal ein Ende setzen könne. Eine einzige Flamme aus seinem Rachen würde jeden Angreifer vernichten. »Feuer bekämpft man mit Feuer. Ich ahne die Stelle, wo der Kampf stattgefunden hat.«

»Und wo ist das?«

»Zwischen Wald und See befindet sich ein breiter Schilfgürtel. Dort schneide ich im Winter, wenn das Ufer gefroren ist, mein Schilfrohr fürs Dach. Ich bin mir sicher. Dort sucht der Drache Unterschlupf. Wir gehen gleich morgen früh hin, um die Spur aufzunehmen.«

»Und dann?«, wollte Temme wissen.

»Wir nehmen jeder eine Fackel mit und stecken das Schilf an drei Stellen gleichzeitig in Brand.«

»Und du meinst, damit kriegen wir ihn?« Temme hatte durchaus Zweifel.

»Wie gesagt, Feuer gegen Feuer. Außerdem haben wir keine andere Möglichkeit, das Untier zu vertreiben.«

»Und wenn es nicht gelingt?« Temme war noch nicht überzeugt.

»Weißt du was Besseres?«, fragte Haas unwillig. »Nichts tun ist immer die schlechtere Lösung. Also bist du dabei?«

Ganz wohl war Temme nicht bei der Sache, aber Haas hatte Recht. Ein zweiter Angriff des Drachens würde noch schlimmere Folgen haben.

In aller Frühe machten sich die drei auf den Weg zum Schilf. Haas wies Maike und Temme die Plätze zu. Auf sein Zeichen setzten sie die Fackeln in Brand und zündeten das trockene Schilfrohr an. Schnell breitete sich das Feuer aus. Gespannt warteten sie, was geschehen würde.

Und da, plötzlich ein lautes Gebrüll, ein Tosen und Toben. Ein Feuerstrahl schoss in den Himmel, der nur aus dem Maul eines Drachen kommen konnte. Und dann war Stille.

Erleichtert atmeten sie auf. Ob sie Erfolg gehabt hatten, wussten sie nicht, denn der zweite Hasselwurm konnte noch am Leben sein. Die Sage erzählt, dass er ins Meer sprang. Entweder soll er dann ertrunken sein oder er war bis nach Schweden geschwommen.

Eine ganze Woche blieb Temme bei seiner Familie und half, das Dach zu reparieren und das Boot wieder instand zu setzen. Dann machte er sich auf den Weg nach Lassan. Er würde seinen Freunden im Dorf erzählen, was passiert war. Er hoffte, dass sie ihn als Helden sehen würden, nicht nur als Schreiber. Er freute sich schon auf die Heimat.

Ob es Drachen auf Usedom und am Peenestrom gegeben hat, weiß man nicht genau. Irgendetwas muss aber wahr an der Geschichte sein. Welchen Grund sollten sonst die Drachenfeste im Herbst haben, die jedes Jahr am Strand gefeiert werden? Klar, die vielen Papierdrachen, die dort fliegen, verbreiten keine Angst und auch keine Schrecken. Sie sehen nur aus wie wilde Tiere. Stattdessen sind sie Kunstwerke aus Papier und Farbe, die im Herbstwind flattern und fliegen.

Vom Vogel Greif

Im Osten der Insel Usedom zwischen Gothensee und Kachliner See, von den Orten Korswandt, Ulrichshorst, Zircho und Görke eingerahmt, befindet sich das größte Niedermoor im Norden Ostdeutschlands, das Thurbruch. »Thur« ist eine alte Bezeichnung für Auerochse, auch Ur genannt, und Thurbruch bedeutet demnach Auerochsensumpf. Einst zogen große Herden des Wildrindes durch die Wälder und grasten auch auf den sattgrünen Wiesen der Insel Usedom. Gelang es den Jägern einer Sippe, einen Auerochsen mit ihren Speeren zu erlegen, war die Versorgung der Menschen auf lange Zeit gesichert. Ganze Herden dieser wehrhaften, mit mächtigen Hörnern ausgestatteten Rinder lebten früher auch auf Usedom.

Die Zeit der Thure war längst vorbei. Nunmehr grasten die Kühe von den umliegenden Bauernhöfen auf den sattgrünen Weiden. Einer der Bauern war Fiete Dwars aus Zirchow. Er zählte zwar mit seinen drei Kühen nicht zu den reichen Bauern auf Usedom, doch ein armer Häusler, der kaum eigenes Land besaß, war er auch nicht. Als es Zeit wurde, die Tiere wieder aus der Enge des Stalls hinauszuführen, damit sie sich an frischem Gras sattfressen und wieder reichlich Milch geben konnten, machte er sich in aller Frühe auf den Weg, während seine Frau Anna auf den Markt nach Ulrichshorst ging, um Eier und das erste Gemüse anzubieten. Anna und Fiete hatten einen Sohn, Heiner, der gerade vier Jahre alt geworden war. Weil ihn die Mutter nicht nach Ulrichshorst mitnehmen konnte, setzte Fiete seinen Sohn auf die Kuh Lisa, die den leichten Reiter ohne Murren trug. Lisa war ein geduldiges Tier, ganz anders als die störrische Else, die er am liebsten verkauft hätte. Aber Else gab die meiste Milch.

Gemächlich trotteten die Kühe Richtung Weide hinter Fiete Dwars her, der Lisa an der Kinnkette des Halfters führte. Er hätte lieber Else das Geschirr umgelegt, aber störrisch wie die war, hätte sie ständig gezerrt und gezogen, um das Riemenzeug wieder loszuwerden.

Heiner saß wie ein König auf seinem Reittier, als wäre es ein rassiger Araberhengst. Dabei bemühte er sich, das Lied seines Vaters mitzusingen, das dieser fröhlich vor sich hinträllerte.

Sie kamen beide in bester Stimmung an der Wiese an, wo sich die Tiere am frischen Grün gütlich tun sollten. Fiete hob seinen Sohn von der Kuh Lisa und setzte sich mit ihm am Rand der Wiese unter einem Schatten spendenden Holunderbusch. Anna hatte ihnen Brote mit frischer Leberwurst als Wegzehrung eingepackt. So saßen Vater und Sohn gemütlich aneinander gelehnt und einer die Nähe des anderen genießend im Gras. Mal biss der Vater vom Brot ab, dann wieder der Sohn. Die Sonne lachte an einem strahlend blauen Himmel. Die Luft roch würzig nach Meer, von einer sanften Brise über die Insel getrieben. Es sollte ein schöner Tag werden. Fiete Dwars wusste nicht, welche Aufregung ihnen noch bevorstand.

Der Bauer behielt seine drei Kühe gut im Auge. Besonders sah er immer wieder nach der störrischen Else, die sich stets etwas abseits hielt und stets zum nahen Wald hinüberblickte, als gäbe es da noch saftigeres Gras. Der Bauer beobachtete, wie sie sich langsam von den beiden anderen Kühen entfernte. Da stand er auf, um Else mit einer Gerte zurückzutreiben. Seinem Sohn schärfte er noch ein, sich nicht vom Platz zu bewegen.

Else sah, dass der Bauer mit der Gerte kam. Da dachte sie wohl, den Gang etwas beschleunigen zu müssen, um vor ihm am Waldrand zu sein. Er seinerseits bemühte sich, ihr den Weg abzuschneiden.

»Bleib sitzen, Junge!«, ermahnte er den Sohn, den er unter den Holunderbusch gesetzt hatte. Er hatte Sorge, die Kuh könnte ausreißen und das Kind überrennen, sollte Heiner auf die Wiese laufen.

Die Kuh schien das Spiel zu kennen. Sie verfiel in einen leichten Trab. Da musste auch der Bauer schneller laufen. Und weil er auf die Unebenheiten in der Wiese achten musste, um nicht versehentlich in eine Kuhle zu treten und dann der Länge lang hinzustürzen, verlor er das Kind aus den Augen. Kurz bevor Kuh Else den Waldrand erreichen konnte, war Fiete Dwars schon da.

Mit einem leichten Gertenschlag auf ihr Hinterteil trieb er sie wieder zurück zu den beiden anderen Kühen. Die blickten nur kurz auf, während sie weiter, ohne sich stören zu lassen, grasten.

Else hatte es nicht unbedingt eilig, zu ihren Stallgefährten zurückzukommen. Fiete Dwars musste mit seiner Gerte sanft nachhelfen. Dabei durfte er das Tier nicht aus den Augen lassen, damit die Kuh nicht wieder kehrt machte, um zum Wald zurückzulaufen.

Als er an der Stelle zurück war, wo er seinen Sohn unter den Busch gesetzt hatte, stellte er entsetzt fest, dass der Junge nicht mehr da war. Wenn er sich mal keine Dummheit ausgedacht hatte, ihn zu foppen, indem er sich irgendwo in der Nähe versteckt hielt.

»Jung, wo bist du?«, rief er. Und weil sich Heiner nicht meldete, wiederholte er seinen Ruf, nun aber etwas strenger. Keine Antwort. Er blickte sich verzweifelt um und da fiel sein Blick hoch in den Himmel. Ihm graute, als er das riesige Wesen am Himmel entdeckte. Es war der Vogel Greif, ein Tier halb Adler, halb Löwe, mit einem mächtigen Hakenschnabel und starken Pranken. Wie hatte er das übersehen können?

Er starrte in den Himmel. Der Greif zog seine Kreise, wohl auf der Suche nach Beute. Schon oft hatte man gehört, wie der Vogel Greif Kinder gestohlen hatte…

»Heiner, was soll das?«, rief er flüsternd, hoffte, dass der Greif ihn nicht hörte.

Noch immer keine Antwort. Da begann sich Fiete Dwars ernstlich Sorgen zu machen. Wenn der Junge weggelaufen war, könnte er zum Beispiel in die nahen Sümpfe geraten sein. Da war ihm egal, ob die störrische Else wieder zurück zum Wald lief, wenn nur seinem Sohn nichts passiert war.

»Heiner!«, rief er. »Heinerle!« Und plötzlich hörte er ein dünnes Stimmchen.

»Ich bin hier, Papa.«

Fiete Dwars blickte um sich. Woher kam die Stimme? Und erneut rief sein Sohn: »Hier bin ich.« Aber es klang gar nicht ängstlich.

»Wo?«

»Hier im Vogelnest.«

Da fuhr Fiete Dwars der Schreck in die Glieder. Wenn sein Sohn aus der Höhe eines Baumes nach ihm rief, musste der Greif ihn mit seinen scharfen Krallen erfasst und in seinen Horst geflogen haben. Das bedeutete wahrlich nichts Gutes. Nach kurzem Suchen entdeckte er Heiner, der fröhlich aus der Höhe winkte. Hoch über ihm kreiste der Raubvogel, jederzeit bereit, sich über seine Beute herzumachen. Aber wie sollte Fiete Dwars den Jungen wieder sicher auf die Wiese bringen? Verzweifelt versuchte er, den hohen Baum hinaufzuklettern. Aber so sehr er sich auch bemühte, der Stamm des Baumes war zu glatt. Und der Vogel kreiste, kreiste immer tiefer und kam dem Horst mit seiner Beute bedrohlich nahe.

Da kam Else schnaubend und brüllend angestürmt, senkte ihr mächtiges Haupt, krachte gegen den Stamm, lief wieder zurück, nahm erneut Anlauf, und wieder: »Krach!« Das beobachteten auch die beiden anderen Kühe, die gemächlich im Gras lagerten und wiederkäuten. Erst erhob sich die eine, dann die andere. Schließlich rannten alle drei Kühe gegen den Baum. Durch die ständigen Erschütterungen geriet der langsam ins Wanken. Heiner rief plötzlich ängstlich aus seinem Nest, das bedrohlich ins Rutschen geriet. Wenn er fällt, dachte Fiete Dwars, der den Blick nach oben gerichtet hielt, muss ich zur Stelle sein und ihn auffangen.

Wieder nahmen die drei Kühe, angeführt von der sonst störrischen Else, Anlauf, drei Mal krachte es. Und endlich geriet der Baum so stark ins Wanken, dass das Nest jederzeit stürzen konnte. Der Greif krächzte wild, wagte sich aber nicht, dem sich immer heftiger biegenden Baum mit seinem Horst zu nähern. Und da, plötzlich, verlor Heiner den Halt und flog nach unten in die Arme seines Vaters, der an der richtigen Stelle gestanden hatte.

»Jung, Jung!«, rief er erleichtert auf, als er den Bub ins Gras gesetzt hatte und sich mit weichen Knien neben ihn hockte. »Jung, Jung!«, konnte er immer nur wieder sagen. »Sag bloß deiner Mutter nichts davon. Sag bloß nichts, Heinerle.« Schnell versteckten sie sich wieder unter dem Holunderbusch, damit der Vogel Greif sie nicht mehr erspähen könnte. Denn die Kühe, die hatten eine Ruhe, die waren zu groß für den mächtigen Greifen.

Plötzlich sahen sie, wie der Greif zum hohen Baum flog, mit seinen Krallen das schiefhängende Nest ergriff und wieder geraderückte. Fiete schaltete schnell, schnappte sich den Jungen und lief zum Waldrand. Dort waren sie sicher vor dem Greifen, denn durch die Bäume würde er nicht stoßen, um sie erneut zu fangen.

Erst jetzt fand er Zeit, über das eben Erlebte nachzudenken. Wäre er nur wenige Minuten später gekommen, hätte sich der Raubvogel wahrscheinlich über seine Beute hergemacht. Dankbar blickte er zu Else und den beiden anderen Kühen, die sich längst wieder am frischen Gras gütlich taten, als wäre nichts geschehen. Insgeheim bat Fiete Dwars die Kuh Else um Vergebung, weil er sie schon hatte verkaufen wollen.

Gegen Mittag kam Anna mit Melkeimer und Schemel, um den Kühen die Milch abzunehmen. Sie sah, dass ihr Mann etwas blass um die Nasenspitze war. Und hastig sagte er: »Du solltest noch warten, ehe du die melkst.«

Anna schaute ihn skeptisch an „War was?“, fragte sie »Nö, was soll sein?«, log er. »Heiner, war was?«, fragte sie ihren Sohn. Heiner war noch zu klein, um lügen zu können.

»Nö, war nichts. Geflogen bin ich, wie ein Vogel«

»Geflogen wie ein Vogel?«

Da musste Fiete Dwars seiner Frau erzählen, was geschehen war und wie die Kühe ihm geholfen hatten, Heiner aus den Fängen des Riesenvogels zu befreien. Als er geendet hatte, blickte Anna nach oben, wo der große Vogel seine Kreise über dem Horst zog.

Anna Dwars war eine furchtlose Frau, die weder vor Spinnen noch Mäusen schreiend davonlief. Und auch nicht vor einem Greifen! Vor dem schon gar nicht, wenn er ihrem Heiner etwas zuleide getan hatte.

»Den räuchere ich aus!«, erklärte Anna entschieden. Und dabei hob sie drohend beide Fäuste in den Himmel.

Ehe Fiete Dwars begriff, was seine Frau vorhatte, sah er nur zu, wie sie trockenes Holz und Reißig am Stamm des Baumes zusammentrug, in dessen Krone sich der Horst des Greifs befand.

»Hast du Flintstein und Zunder mit?«, fragte sie ihren Mann.

Das hatte er tatsächlich. Und nun begriff er auch, was seine Frau vorhatte. Er schlug selbst die Funke mit den beiden Steinen und setzte den Zunder in Brand. Die kleine Flamme ergriff schnell das trockene Holz. Bald schlugen große Flammen aus dem Stapel. Beide trugen in Windeseile weiteres brennbares Gut herbei. Sie warfen Laub und Gras in das Feuer, worauf dicker Rauch in die Höhe stieg.

Wütend kreischte der Riesenvogel, als er sah, dass sein Horst erst völlig im Rauch versank und dann, wie der ganze Baum, in Flammen aufging. Immer wieder versuchte er mit mächtigen Flügelschlägen das Feuer zu löschen, aber stattdessen flogen und stoben die Funken nur so umher. Da fingen auch die Nachbarbäume Flammen und bald brannte ein Großteil des Waldes am Thurbruch wie die Hölle. Das hatte zwar nicht in der Absicht von Anna Dwars gelegen, aber sie nahm es billigend in Kauf, denn der Greif würde nie wieder sein Nest in der Nähe bauen können.

Als Anna das nächste Mal zum Markt ging, nahm sie ihren Sohn an der Hand mit. Nicht noch einmal wollte sie um das Leben des Kindes bangen müssen.

Dass die Geschichte stimmt, kann man heute noch nachprüfen. Wenn die Bauern der Umgebung zum Torfstechen in den Bruch gehen, finden sie immer wieder halb verkohlte Baumstämme in den unteren Schichten. Das sind die Reste des Waldes, den Anna und Fiete Dwars versehentlich in Brand gesteckt haben. Der Vogel Greif ist allerdings in der Umgebung nie wieder gesehen worden.

Ein Kobold im Torf

Torf ist ein Material, das heute kaum noch jemand kennt, wenn er nicht gerade eine Gärtnerei betreibt und Azaleen züchtet, denn die brauchen einen sauren Boden. Es handelt sich um zersetzte Pflanzenteile in entwässerten Mooren, die früher mit speziellen Spaten in großen Stücken abgestochen und zum Trocknen aufgeschichtet wurden und schließlich als Heizmaterial dienten.

In der Nähe des Dorfes Mönchow, das heute ein Teil der Stadt Usedom ist, befand sich ein solches Moor, das entwässert worden war. Eines Tages entdeckte der Mönchower Fährmann Jörn Koselow, während er mit seinem Knecht Hans Janssen Torf abstach, auf der anderen Seite des Peenestroms eine merkwürdige Gestalt, die heftig winkte. Es war früh am Morgen, der Nebel hatte sich noch nicht ganz verzogen.

»Vielleicht«, dachte der Fährmann, »ist es auch nur ein Busch im Wind« und wandte sich wieder seiner Arbeit zu. Torf stechen ist ein mühsames Geschäft. Er teilte sich mit seinem Knecht in die Arbeit, indem der die Torfstücke abstach und auf einer Schubkarre stapelte.

Der Fährmann transportierte dann die Last an die Stelle, wo schon mehrere Torfstücke zum Trocknen ausgelegt waren.

Auch Hans Janssen hatte die merkwürdige Gestalt entdeckt. Er beschattete die Augen mit der rechten Hand, um besser sehen zu können.

»Wenn das mal nicht Marn Witt ist«, murmelte er.

»Kerl«, herrschte ihn der Fährmann an. »Stich ab. Die Schubkarre ist erst halb voll!«

Der Knecht stach ab, der Fährmann legte die Stücke zum Trocknen aus. Ob nun aus Neugier oder versehentlich – Jörn Koselow warf erneut einen Blick über die Peene. Er wollte sich schon wieder abwenden, als er die seltsame Gestalt auf der gegenüberliegenden Seite sah, diesmal schon etwas deutlicher, denn der Morgennebel hatte sich gelichtet. Da kam ihm der gleiche Verdacht wie seinem Knecht kurz zuvor. Es soll, erzählten die alten Frauen von Mönchow, in den Anklamer Wiesen ein Kobold namens Marn Witt sein Unwesen getrieben haben, indem er die Fischer und die Bauern narrte, ihre Boote leck schlug, ihre Gefährte umwarf oder einfach grässlich spukend durchs Unterholz polterte. Menschen sollen aber nicht zu Schaden gekommen sein. Noch nicht, jedenfalls. War die Gestalt am anderen Ufer des Stroms dieser Kobold, der nach Jahren wieder in der Gegend auftauchte?

Der Fährmann schüttelte unwillig den Kopf, als könne er damit die merkwürdigen Bilder und Gedanken vertreiben. Dabei beobachtete er aus dem Augenwinkel, wie sein Knecht verstohlen ebenfalls immer wieder auf die andere Seite schielte.

»Glotz nicht! Arbeite!«, herrschte er seinen Knecht an. »Wir müssen bis Mittag fertig sein.«

Hans Janssen kannte die Launen seines Herrn. Früher hat er sich über den groben Ton geärgert, inzwischen sagte er sich:

»Wozu hat der Mensch zwei Ohren? Was auf der einen Seite reingeht, geht auf der anderen wieder raus.« Doch immer wieder ging ihm durch den Sinn, dass Marn Witt wohl doch nicht aus der Welt war. Aus den Erzählungen der Alten wusste er, dass mit Kobolden nicht unbedingt gut Kirschen essen war. Und als plötzlich ein lautes, polterndes Lachen von der anderen Peenestromseite herüberklang, war sich Hans sicher, wer dort drüben spukte.

Natürlich hatte auch der Fährmann das grobe Lachen gehört. Und natürlich hatte auch er jetzt keinen Zweifel mehr, mit wem sie es zu tun hatten. Er selbst aber wollte der Sache nicht wirklich auf den Grund gehen.

»Wozu hat man einen Knecht?«, fragte er sich. Deshalb befahl er:

»Du setzt dich jetzt in den Kahn, ruderst auf die andere Seite und jagst den ungebetenen Gast fort. Los, mach schon!« setzte er mit barscher Stimme hinzu.

»Was ist besser«, fragte sich der Knecht, »ein stets übellauniger Herr oder ein vielleicht harmlos spukender Kobold?« Daher sagte er sich: »Der Klügere gibt nach.«

Nun war Hans Janssen kein besonders mutiger Mensch, vor allem wenn es um Geister und Gespenster ging, aber er folgte dem Befehl seines Herrn, stieg in den kleinen Kahn und ruderte, vorsichtig die Riemen ins Wasser tauchend und das Boot gegen die Strömung haltend auf die gegenüberliegende Seite. Je näher er dem Ufer kam, desto vorsichtiger bewegte er das kleine Gefährt. Kurz bevor er das gegenüberliegende Ufer erreichen konnte, drehte er sich noch einmal nach seinem Herrn um. Der stand neben dem zum Trocknen ausgebreiteten Torf, stemmte beide Hände in die Hüften, nahm sie dann zu einem Trichter geformt vor den Mund und rief:

»Na, mach schon, du Bangebüchs!«[6]

In dem Moment sprang ein Kobold von absonderlicher Gestalt, mit großer Knollennase, krausem Barthaar und spitzen Ohren, aus dem Ufergebüsch hervor, stand plötzlich knietief im Wasser vor dem Kahn und lachte, lachte auf seine besondere Weise, dass Hans fürchtete, das Blut gefriere ihm in den Adern. Da riss der Kobold das Boot am vorderen Teil hoch, drehte es wie einen Kreisel, lachte und rief:

»Wat'n Spaß! Wat'n Spaß!«

Da lag der Knecht auch schon in der Peene, die an der Stelle glücklicherweise flach genug war, dass er nicht ertrinken konnte. Denn Schwimmen war nicht sein Ding.

Prustend tauchte er wieder auf, schüttelte sich und blickte in des Kobolds Gesicht, der gar nicht so böse aussah, wie man hätte glauben können. Er lachte sogar und wiederholte:

»Wat'n Spaß! Wat'n Spaß!«

6 Angsthase

Der Fährmann hatte alles aus gesicherter Entfernung beobachtet. Er machte sich allerdings mehr Sorgen um sein Boot als um seinen Knecht, deshalb lief er am Ufer entlang bis zu jener Stelle, an der er hoffte, sein Boot abfangen zu können, wenn es herübertreiben würde. Was ihm dann auch gelang. Er rief zwar noch drei Mal nicht sonderlich laut nach seinem Knecht, doch als er keine Antwort bekam, zuckte Jörn Koselow nur mit den Schultern, als habe er eben einen alten Schuh verloren. »Knechte gibt es genug«, sagte er sich, »Boote sind teuer«.

Die Geschichte geht aber ganz anders aus. Der Kobold fasste den triefnassen Knecht am Kragen, zog ihn aufs Trockene und sagte mit einem schiefen Grinsen: »Entschuldige, das sollte doch nur ein Spaß sein.«

»Schöner Spaß«, erwiderte Hans Janssen. »Der Fährmann jagt mich vom Hof, wenn ihm sein Boot verloren geht.«

Da kratzte sich der Kobold nachdenklich am Hinterkopf, als ob man dort schlaue Gedanken hervorlocken könne. »Er jagt dich vom Hof?«

»Und wahrscheinlich lässt er vorher einem Knüppel auf meinem Rücken tanzen.«

»Ist er kein guter Herr?«

»Wenn schlechtes Essen, geringer Lohn und eine dünne Strohschütte im Ziegenstall zu einem guten Herrn gehören, dann ist er einer.«

»Und warum bleibst du dann bei ihm?«

»Wohin soll ich denn gehen?«

»Mit mir«, lautete die knappe Antwort.

Der Knecht sah ihn verblüfft an. »Ich soll der Weggefährte eines Kobolds sein?«

Da riss sich der Kobold den angeklebten Bart ab und steckte die falschen spitzen Ohren in die Hemdtasche.

»Kobold?«, fragte er und lachte wieder herzhaft.

»Ich war Knecht bei einem Bauern in Wilhelmsfelde. Der hat behauptet, ich hätte Eier aus den Hühnernestern gestohlen, weshalb er nach dem Büttel gerufen hat. Ich wollte aber nicht als Dieb verurteilt werden, der ich schließlich nicht war. Also habe ich die Beine in die Hand genommen, wie man sagt.

Meine Großmutter hat mir manchmal, als ich noch ein kleiner Junge war, von einem Kobold namens Marn Witt erzählt, der in der Anklamer Flur sein Unwesen getrieben hat. Warum kein Kobold sein? Den sucht kein Büttel!« Und nun lachte der Kobold, der gar keiner war, sondern ein entlaufener Knecht, der seinen Spaß daran hatte, andere Leute zu necken und zu erschrecken.

»Und wovon lebst du, wenn du nirgendwo in Lohn und Brot stehst, so gering es auch sein mag?«

Da machte der entlaufene Knecht eine große Geste, die sollte wohl bedeuten, es finde sich immer etwas, das zwischen die Zähne passe.

»Was ist? Hast du Lust, meinen Weg zu teilen? Wo einer Spaß hat, finden auch zwei etwas zum Lachen. Oder treibt es dich zurück zu deinem Fährmann?«

»Beileibe nicht!«, lautete Hans' Antwort. Da schlug er in die dargebotene Hand von Heiner ein. »So sei es!«

Lange Zeit hielt sich das Gerücht, dass zwei Kobolde die Mönchower Flur unsicher machten. Aber gesehen hat sie niemand, nur lautes Lachen und Poltern will der eine oder andere gehört haben. Und die paar wenigen fehlenden Eier oder das eine oder andere Huhn – nun, sagten die Bauern, das wird wohl der Fuchs gewesen sein.

Derweilen zogen die beiden Freunde lachend und polternd und manchmal etwas aus der Speisekammer eines Bauern mitgehen lassend als Kobolde über die Insel Usedom. Nein, Räuber waren sie nicht. Sie nahmen nur, was sie zum Sattwerden brauchten. Und das vor allem von ihren einstigen Herren, um nachträglich, wie sie meinten, ihren kargen Lohn von einst aufzubessern.

Wer besonders gute Ohren hatte, konnte manchmal in den Abendstunden, ein Lied hören. Das sangen die beiden, satt und zufrieden im Gras liegend und die Späße ihres Tages überdachten:

Ein Kobold ging in Usedum
Mal rechts herum, mal links herum,
Mal rückwärts und mal gradeaus,
Mal in der reichen Bauern Haus.
Er stahl mal dies, er stahl mal das,
Doch meistens suchte er nur Spaß.
Auf Usedum, auf Usedum.

Das Teufelsbruch bei Ulrichshorst

Ulrichshorst ist ein kleiner Ort zwischen Ahlbeck und der Stadt Usedom, genauer: zwischen Korswandt und Zirchow gelegen. Ursprünglich waren die Häuser und Gehöfte von Ulrichshorst nur auf der rechten Straßenseite errichtet worden. Deshalb sagte man über die Bewohner des kleinen Ortes, sie würden den Kartoffelkuchen auch nur auf einer Seite backen.

Von Ulrichshorst führt ein gerader Weg durch das Thurbruch, eine gefährliche Gegend, die man besonders bei Dunkelheit tunlichst meiden sollte, denn in dieser Moorlandschaft trieben unheimliche Gestalten ihr Unwesen. Und zwar nicht nur harmlose Kobolde oder tanzende Irrlichter, sondern auch gefährliche und brennende Ungeheuer wie die Wilde Jagd. Selten kam zurück, der sich im Moor verirrte. Selbst bei Tageslicht und hellem Sonnenschein mieden die Menschen den Weg durch das Moor.

Die Ulrichshorster pflegten einen gutnachbarlichen Umgang miteinander. Vor allem die Älteren konnten sich auf ihre Mitbürger verlassen. Über Hilfe wurde nicht viel geredet, sie wurde ganz selbstverständlich geleistet. So erfuhr es auch Bauer Loschwitz, dessen Scheune schon ziemlich hinfällig war und die abgerissen werden musste, bevor sie von selbst zusammenbrach.

Bauer Loschwitz hatte einen Knecht, Horst geheißen, der seinerseits seinen Freund Helmfried vom Nachbarhof fragte, ob er beim Abriss der Scheune behilflich sein könne. Der war sofort bereit, nach Feierabend, wenn er seine eigene Arbeit verrichtet hatte, die Scheune mit Horst niederzureißen. Das war im Übrigen kein einfaches Geschäft, denn man konnte schwer voraussagen, wohin die Balken und Lehmwände stürzten. Also sahen sie sich vor. Und diese Vorsicht war wohl auch der Grund, dass sie in den alten Gemäuern ein Buch fanden, das wahrscheinlich für immer verloren gewesen wäre, wenn die Scheune von sich aus zusammengebrochen wäre.

Helmfried entdeckte das Buch, das schon arg in Mitleidenschaft gezogen war. Der Einband aus Kalbsleder musste den Würmern gut bekommen sein. Aber der Inhalt des Buches war noch gut zu lesen – wenn man denn hätte lesen können. Helmfried und Horst konnten es leider nicht. Also legten sie dem alten Loschwitz das Buch vor und meinten, er könne damit bestimmt mehr anfangen als sie. Der greise Bauer tat nur einen kurzen Blick in das Buch, blätterte darin und sagte schließlich:

»Habt Dank, meine Freunde. Wenn ihr wollt, werde ich euch daraus vorlesen, sobald ihr die Scheune abgerissen und den Platz eingeebnet habt.«

Damit waren sie sehr einverstanden, wenngleich mehr aus Nettigkeit dem Bauern gegenüber als aus wirklichem Interesse am Inhalt des dicken Wälzers. Was konnte in so einer alten Schwarte schon Wichtiges stehen?

Die Arbeit war in wenigen Tagen getan. Bauer Loschwitz wollte einen angemessenen Lohn auszahlen. Aber das lehnten beide ab. In Ulrichshorst hilft man, ohne Geld dafür zu fordern oder zu nehmen. Vielleicht ein gutes Essen, schlugen sie stattdessen vor. Es müssten ja nicht gleich junge Tauben sein, wie sie zu Festtagen gereicht wurden, oder Lammfleisch mit Sauerampfer und Stachelbeeren, oder Hecht im Speckmantel. Ein einfaches Gericht täte es auch, meinten die beiden Knechte. Schabbelbohnen zum Beispiel, das war nämlich ihre Lieblingsspeise.

Helmfried und Horst lobten die Kochkunst ihres Gastgebers ein ums andere Mal. Der ließ sich die Anerkennung gern gefallen und stellte jedem noch einen ordentlich Krug Bier hin, das er selbst gebraut hatte. Schließlich nahm er das dicke Buch in die Hand, das er auf einem kleinen Nebentisch bereitgelegt hatte, sah Helmfried und Horst ernst an und fragte:

»Ich soll euch also daraus vorlesen?«

Die Knechte nickten, deswegen waren sie ja eigentlich gekommen.

Der Bauer schlug das schwere, in Leder gebundene Buch auf. Er überblätterte die ersten Seiten, bis er den Anfang des Textes vor sich hatte. Nun blickte er sie eindringlich an.

»Ihr wollt wirklich?«

Die beiden sahen sich verwundert an. Warum tat Bauer Loschwitz so geheimnisvoll? Ein Buch, was sollte daran Besonderes sein?

Bauer Loschwitz beugte sich über das Buch und trug mit geheimnisumwitterter Stimme die Anrede vor:

»An den geneigten Leser.«

Da meinten die beiden Knechte, sie müssten sich verneigen, also senkten sie ein wenig ihre Köpfe. Der Bauer sah es, schmunzelte und las weiter:

»In diesem Buch erfährst du die gar schrecklichen und seltsamen Geschichten, die sich im Thurbruch zugetragen haben. Aber ich warne dich: Wenn du aus Furcht oder Langeweile das Lesen abbrichst, wird dich die Wilde Jagd ereilen, wenn du das nächste Mal durch das Moor gehst. Liest du aber bis zum letzten Satz, wird dir der erste Wunsch, den du danach äußerst, in Erfüllung gehen. Diese Voraussagen vergisst du aber während des Lesens, sodass du dir am Ende nicht besonderen Reichtum oder ewiges Leben wünschen kannst, weil du von dem Zauber nichts mehr weißt. Prüfe also, ob du dich auf dieses Wagnis einlassen willst. Es kann sowohl dein Glück bedeuten oder in einem schrecklichen Unglück enden.«

An dieser Stelle machte der Bauer eine kurze Pause. Er sah beide an und fragte ernst: »Soll ich weiterlesen oder wollen wir es bei dieser ersten Seite lassen?« Horst sah Helmfried an, Helmfried sah Horst an. Schließlich nickten sie und sprachen wie aus einem Mund:

»Lies weiter, Bauer. Was soll schon geschehen? Es ist doch nur ein Buch.«
Nachdenklich wiederholte Bauer Loschwitz:

»Es ist ja nur ein Buch.«
Dann schlug er die nächste Seite auf und fuhr im eigentlichen Text fort.

Was die beiden nun zu hören bekamen, waren schaurige Geschichten von der Wilden Jagd, die durchs Moor brauste, verirrte oder zu später Stunde heimkehrende Wanderer überfiel mit dröhnendem Brausen und fauchenden Gesängen. Auf schwarzen Rappen galoppierten sie tosend durchs Moor. Große Stücke von Torf flogen von ihren Hufen, das brackige Wasser spritze auf. Wehe dem Wanderer, der sich nicht an die schmalen Wege hielt oder sich nicht rechtzeitig hinter Buschwerk versteckte, um von den gefährlichen Geistern übersehen zu werden.

»Einmal, es war schon zu abendlicher Stunde, waren zwei Männer unterwegs, um noch vor Einbruch der Finsternis in Ulrichshorst anzukommen. Plötzlich ertönte lautes Geschrei, ein böses Gelächter, ein Pfeifen und Fauchen. Kein Zweifel, die Wilde Jagd war unterwegs, um Menschen zu narren und zu erschrecken. Denn wer die schmalen Wege auch nur um eine Fußbreite verließ, versank im saugenden Moor, aus dem schwer wieder zu entkommen war.«

Bauer Loschwitz blickte auf. Er sah in die erwartungsvollen Gesichter seiner beiden Zuhörer.

»Soll ich weiterlesen?«

»Aber ja doch, Bauer«, erklärte Horst, vom nickenden Helmfried unterstütz.

»Es ist ein Buch, weiter nichts. Gespenstergeschichten schrecken uns nicht.« Es klang aber schon nicht mehr so selbstgewiss.

»Wie ihr meint.« Der Bauer las an der Stelle weiter, wo er den rechten Zeigefinger auf den Text gelegt hatte.

»Es waren ein Bauer aus Ulrichshorst und sein Freund, ein Matrose, der von sich behauptete, schon ganz andere Gefahren auf See überstanden zu haben, im Moor unterwegs. Da fegte ein gewaltiger Sturm heran.

Der Bauer beschwor den Seemann, sich unbedingt in der Mitte des schmalen Weges zu halten, denn nur dort waren sie sicher. Der Matrose war aber ein rechter Aufschneider und meinte, was könne ihm so ein lächerliches Windchen anhaben, sei er doch mehrfach durch Orkane und Sturzseen mit seinem Schiff über die Meere der Welt geritten. Da war die Wilde Jagd heran. Der Ulrichshorster Bauer rief gegen den pfeifenden Wind und das grässlich anschwellende Jaulen und Dröhnen, der Matrose möge sich niederducken. Aber der lachte nur und stellte sich mit herausfordernder Geste der anstürmenden Gefahr. Da schlug ihn einer der wilden Reiter mit einem dicken Knüppel auf den Kopf. Der Matrose verlor das Gleichgewicht. Er stolperte und trat mit dem rechten Bein ins Moor. Wäre sein Freund nicht geistesgegenwärtig genug gewesen, hätte das Moor den Prahlhans gänzlich in seine unergründlichen Tiefen gezogen. Die Wilde Jagd rauschte weiter. Erschöpft und bleich saß der Matrose auf der Mitte des schmalen Weges. Sein Freund musste gar nichts sagen. Der Matrose, vorher ein Prahler und angeblicher Held, war das personifizierte Elend. Mühsam nahmen sie den Weg wieder auf. Ohne ein weiteres Wort zu sprechen, erreichten sie endlich Ulrichshorst. Schon am nächsten Tag schnürte der Matrose seinen Seesack und verließ Ort und Freund. Nie wieder kehrte er nach Ulrichshorst zurück.«

Der Bauer blickte auf. »Mehr noch?«, fragte er, denn er wusste, dass er das Buch bis zum Ende lesen musste, wenn sie nicht alle Gefahr laufen wollten, irgendwann von der Wilden Jagd überrascht und ins Moor gestoßen zu werden. Er sah es den beiden an den blassen Nasenspitzen an, dass sie die Vorstellung, selbst zu später Stunde im Thorbruch unterwegs und von den Geistern angefallen zu sein, entsetzte. Doch sie nickten tapfer. Also fuhr der Bauer im Text fort.

»Einst war ein Schneider aus Korswandt nach Zirchow zwischen Gothensee und Kachliner See unterwegs zu einem Kunden, dem er einen neuen Rock anpassen sollte. Sein Werkzeug, eine Elle und ein Maßband sowie reichlich Stecknadeln und Schneiderkreide hatte er bei sich. Nun sagt man Schneidern nach, dass sie besonders ängstlich seien, weil sie den ganzen Tag nur auf ihrem Schneidertisch mit überkreuzten Beinen hocken und die Nadel schwingen. Schneider Sorowitz war es nicht. Er galt sogar als ausgesprochen tapfer. Denn er hatte seinen Kunden beim Maßnehmen und Anpassen die abenteuerlichsten Geschichten erzählt, die er in seinen jungen Jahren

als Segelmacher an Bord eines Kauffahrerschiffes bestanden hatte. Freilich, Schneider Sorowitz, der sich gern das tapfere Schneiderlein nennen ließ, war nie zur See gefahren und sein Leben lang nichts Besseres oder Schlechteres als ein Schneider gewesen, doch das wusste niemand in Korswandt, wo er seine bescheidene Werkstatt hatte.«

»Das tapfere Schneiderlein!«, sagte Horst lachend. »Wollen wir doch einmal hören, wie es dem im Moor ergangen ist.«

»Wahrscheinlich nicht besser als dem Seemann aus der vorherigen Geschichte«, ergänzte Helmfried.

Bauer Loschwitz richtete den Blick wieder ins Buch, um im Text fortzufahren.

»Als der Schneider mitten im Bruch war und die Abendsonne langsam niedersank, kam plötzlich Wind auf, der sich zu einem Sturm und schließlich zu einem richtigen Orkan entwickelte. Schrille Pfiffe, ohrenbetäubende Trompetenstöße, jaulendes Bellen erfüllte die Luft. Da war nichts mehr übrig vom tapferen Schneiderlein aus Korswandt. Vor Angst zitternd und frierend suchte er Schutz hinter einem Gebüsch. Da brauste die Wilde Jagd auch schon heran. Wäre der Schneider nicht rechtzeitig in Deckung gegangen, hätte sein Leben wahrscheinlich unter den stampfenden Hufen der Rappen geendet oder die mit schweren Knüppeln um sich schlagenden Reiter hätten ihn tödlich verletzt. Aus seinem Versteck beobachtete der Schneider, dass die Schar von einem Mönch aus dem Kloster Pudagla angeführt wurde. Und allein dessen grässlich mit einem Dutzend Narben verunstaltetes Gesicht hätte genügt, dass einem das Blut in den Adern gefror. Als Abschluss der Wilden Jagd folgte eine kläffende Hundemeute, deren weit aufgerissenen Mäuler gefährlich spitze Zähne zeigten. Das war zu viel des Grauens. Der Schneider fiel in eine tiefe Ohnmacht. Er bemerkte nicht einmal, dass die Wilde Jagd längst weitergezogen war. Erst gegen Morgen wachte er wieder auf. Er traute sich nicht zurück in sein heimatliches Dorf, wo er sich einst das tapfere Schneiderlein nennen ließ. Denn die Haare waren über Nacht grau geworden und das Gesicht von tiefen Sorgenfalten durchzogen. Man hat nie wieder von ihm gehört. Gemunkelt wurde, er sei im Moor ertrunken. Jedenfalls behauptete das der Kunde in Zirchow.«

Wieder machte der Vorleser eine kleine Pause.

Er sah, wie still und in sich gekehrt seine beiden Zuhörer ihm gegenübersaßen.

»Die letzte Geschichte?«, fragte er sichernd, obwohl er wusste, dass er das Buch bis zum Ende vorlesen musste, wenn ihnen nicht allen ein Unglück widerfahren sollte. Horst und Helmfried saßen da, gewissermaßen in der Vorstellung gefangen, selbst der Wilden Jagd im Moor begegnet zu sein. Dennoch nickten sie, also las der Bauer weiter.

»Eine Bäuerin aus Reetzow, unweit vom Gothensee gelegen, war zwischen Katschow und Prätenow auf dem Heimweg von Usedom, wo sie einen großen kupfernen Kessel erworben hatte. Kaum hatte sie den Katschower Sandberg hinter sich gelassen, wurde sie von der Wilden Jagd überrascht. Die Bäuerin hatte von diesem teuflischen Treiben im Moor schon viele schreckliche Geschichten gehört, aber davon ließ sie sich nicht schrecken. Schnell kroch sie unter ihren Kupferkessel, in dem das grelle Pfeifen und Dröhnen widerhallte. Sie musste beide Hände auf die Ohren legen, so sehr schmerzte sie das teuflische Konzert. Dabei hörte sie, wie mit Knüppeln auf ihren schönen neuen Kessel eingeschlagen wurde und eine wutverzerrte Stimme die Enttäuschung ausdrückte, dass man des fetten Bratens nicht habhaft werden könne. Die Bäuerin harrte aus, bis der Spuk vorbei war. Schließlich kroch sie wieder hervor und sah mit Erschrecken, dass ihr schöner neuer Kessel nunmehr mit Beulen übersät war.

„Das wird ein hartes Stück Arbeit“ dachte sie, »die alle wieder herauszuklopfen«. Froh, der wilden Jagd entgangen zu sein, setzte sie ihren Weg ins heimatliche Reetzow fort.«

Bauer Loschwitz sah von seinem Buch auf. Er lehnte sich in seinem Stuhl zurück, denn der Rücken schmerzte ihm ein wenig von der gebeugten Haltung, die er zum Lesen eingenommen hatte.

»Dies«, schloss er seinen Vortrag, »geneigter Leser ist aus dem Thurbruch zu berichten. Wenn du mir nicht glauben willst, rate ich dir, selbst einmal bei einbrechender Finsternis durchs Moor zu gehen. Die Wilde Jagd wird gewiss keinen Bogen um dich machen. Ob du dann noch über Berichte aus dem Thurbruch lachen kannst, bezweifle ich sehr.«

Hier endete das Buch mit den schaurigen Geschichten aus dem Moor.

Woran weder Bauer Loschwitz, noch die Knechte Horst und Helmfried dachten, war der Hinweis, die auf der ersten Seite ausgesprochen worden war: Der erste Wunsch, den einer der drei aussprechen sollte, würde erfüllt werden, sei es ein guter Wunsch, sei es ein böser Fluch. Für das Orakel machte es keinen Unterschied.

Es war spät geworden. Bauer Loschwitz schloss das Buch. Sie traten gemeinsam vors Haus. Der Himmel war sternenklar, die Luft sanft und mild. Der Alte blickte hinüber zu der Stelle, wo seine baufällige Scheune gestanden hatte.

»Ihr habt eine gute Arbeit geleistet«, bedankte er sich noch einmal bei den beiden Knechten. »Es ist trotzdem schade, dass sie abgerissen werden musste. Vielleicht hätte sie sogar noch ein, zwei Jahre gehalten. Älter werde ich eh nicht mehr.« Damit entließ er sie in die Nacht.

Nein, die Geschichte endet hier noch nicht. Als Bauer Loschwitz am nächsten Morgen aus dem Haus trat, glaubte er, seinen Augen nicht zu trauen. Am nämlichen Ort, wo seine alte Scheune gestanden hatte, befand sich nun, von der Morgensonne angestrahlt, eine neue, viel schönere Scheune als die alte. Und als ob das nicht genug des Wunders war, entdeckte er auf der anderen Straßenseite, wo all die Jahre kein Haus gestanden hatte, zwei prächtige neue Bauernhöfe, vor denen Horst und Helmfried mit strahlenden Gesichtern standen. Sie hatten, als sie sich am späten Abend voneinander verabschiedeten, gesagt, wie komisch das sei, Häuser und Höfe nur auf der einen Seite der Straße zu haben. An die Weissagung aus dem Buch erinnerten sie sich nicht.

»Ja«, hatte Horst erwidert, »das könnte mir schon gefallen, Herr im eigenen Haus zu sein.« Helmfried nickte bestätigend und sagte:

»Mir auch, mir auch, mein Lieber.«

Was soll ich sagen? Als Horst und Helmfried am nächsten Morgen aufwachten, hatte nicht nur Bauer Loschwitz eine neue Scheune, sondern die beiden Knechte waren über Nacht zu Besitzern eigener kleiner Höfe geworden, allerdings auf der linken Seite der Straße, denn auf der rechten war kein Platz mehr für neue Gehöfte.

So war das in Ulrichshorst, das längst auf beiden Seiten der Straße bebaut ist wie jedes andere Dorf auf Usedom.

USEDOM

Autor

Ulrich Völkel, geboren 1940 in Plauen/Vogtland, lebt seit 2020 in Dresden. In den Jahren 1959 bis 1988 war er auf Rügen, in Schwerin und in Rostock zu Hause. Seit den 1960er-Jahren hat Ulrich Völkel eine Fülle von Büchern als Schriftsteller, Herausgeber und Lektor veröffentlicht, darunter Belletristisches, Lyrik, Kinderbücher und Sachliteratur. Am Staatstheater Schwerin und am Volkstheater Rostock war er als Dramaturg und Regieassistent tätig. Er ist ein professioneller Vorleser, für Kinder und Erwachsene. Im Demmler Verlag erschien 2020 in neuem Gewand sein bekanntes Buch „Zwei Riesen im Sund – Sagen von der Insel Rügen" in 3. Auflage. 2022 veröffentlichte er „Der Zorn des Gottes Swantewit – Sagen von Fischland-Darß-Zingst". An diese Bücher schließt „Der Untergang Vinetas – Sagen von der Insel Usedom" nun erzählerisch und künstlerisch an.

Illustratorin

Katrin Kadelke, ein geborener Fischkopf (1979 in Güstrow), wuchs bei den Löffelschnitzern (in Suhl) und Puffbohnen (in Erfurt) auf. Seit 2010 lebt und arbeitet sie in Neuseeland. Von der Nordinsel aus illustriert sie u.a. Kinderbücher, Gedichtbände, bebildert Touristisches, Grusskarten, Kalender und Verpackungen. Ihre heiteren und farbenfrohen Darstellungen wurden vor allem durch ihre illustrativen Arbeiten für die Erfurter Wichtelstollen und gemeinsamen Bücher mit dem Erfurter Kabarettisten und Autoren Ulf Annel bekannt.

Literaturtipps

Bartsch, Karl: Märchen und Gebräuche aus Mecklenburg. Wien 1879/80

Richter, Egon: Usedom - Sagen und Geschichten, Ribnitz-Damgarten 2023

Runge, Philipp Otto / Kadelke Katrin: Von denn Fischer un siene Fru, Ribnitz-Damgarten 2021

Petznick, Marion: Fischers Fru, Vineta und Du - Sagen aus Mecklenburg-Vorpommern neu erzählt, Schwerin 2022

Burkhardt, Albert: Vineta - Sagen und Märchen vom Ostseestrand, Rostock 2012

Lübbert, Anke / Schröder, Florian: MARCO POLO Reiseführer Usedom, Ostfildern 2022

Was machen wir morgen, Mama? Usedom - Erlebnisreiseführer für Kinder und Eltern, Rostock 2018

Bieber-Geske, Steffi / Groeper, Kerstin: Sagenhafte Ferien auf Usedom - Lilly, Nikolas und das Geheimnis der Versunkenen Stadt, Schöneiche 2022

Nebe, André F.: Spuk auf der Ostsee, Schöneiche 2020

Vogel, Anna und Clara: Ostsee-Sagen und Erzählungen. Berlin 1925

Wieczorek, Alfried; Hans Martin Hinz: Europas Mitte um 1000. Stuttgart 2000

Ulrich Völkel / Kadelke Katrin:

Zwei Riesen im Sund, Ribnitz-Damgarten 2022

15,95 € (D) ISBN 978-3-944102-47-4

Ulrich Völkel / Kadelke Katrin:

Der Zorn des Gottes Swantewit, Ribnitz-Damgarten 2022

15,95 € (D) ISBN 978-3-944102-44-3

Impressum

An der Bäderstraße 7c, 18311 Ribnitz-Damgarten

Tel.: 03821 / 425514-0, Fax: 03821 / 425514-2

www.demmlerverlag.de

Layout & Satz: Katrin Kadelke

Umschlaggestaltung & Illustration: Katrin Kadelke

Druck: BALTO print, Vilnius

1. Auflage 2023

ISBN 978-3-944102-42-9